四特 教育系列丛书 SITEJIAOYUXILIECONGSHU

U0570886

锻炼学生注意力的智力游戏策划

《"四特"教育系列丛书》编委会　编著

吉林出版集团股份有限公司
全国百佳图书出版单位

图书在版编目（CIP）数据

锻炼学生注意力的智力游戏策划／《"四特"教育系列丛书》编委会编著 . —长春：吉林出版集团股份有限公司，2012.4

（"四特"教育系列丛书／庄文中等主编 . 学校体育竞赛与智力游戏活动策划）

ISBN 978-7-5463-8620-1

I. ①锻… Ⅱ . ①四… Ⅲ . ①智力游戏－青年读物②智力游戏－少年读物 Ⅳ . ① G898.2

中国版本图书馆 CIP 数据核字（2012）第 041983 号

锻炼学生注意力的智力游戏策划
DUANLIAN XUESHENG ZHUYILI DE ZHILI YOUXI CEHUA

出 版 人	吴 强	
责任编辑	朱子玉　杨 帆	
开　　本	690mm×960mm　1/16	
字　　数	250 千字	
印　　张	13	
版　　次	2012 年 4 月第 1 版	
印　　次	2023 年 2 月第 3 次印刷	

出　　版	吉林出版集团股份有限公司
发　　行	吉林音像出版社有限责任公司
地　　址	长春市南关区福祉大路 5788 号
电　　话	0431-81629667
印　　刷	三河市燕春印务有限公司

ISBN 978-7-5463-8620-1　　　　定价：39.80 元

版权所有　侵权必究

前　言

学校教育是人的一生中所受教育的最重要组成部分，广大青少年学生在学校里接受计划性地指导，系统地学习文化知识、社会规范、道德准则和价值观念。学校教育从某种意义上讲，决定着个人社会化的水平和性质，是个体社会化的重要基地。知识经济时代要求社会尊师重教，学校教育越来越受重视，其在社会中起到举足轻重的作用。

"四特教育系列丛书"以"特定对象、特别对待、特殊方法、特例分析"为宗旨，立足学校教育与管理，理论结合实践，集多位教育界专家、学者及一线校长、教师的教育成果与经验于一体，围绕困扰学校、领导、教师、学生的教育难题，集思广益，多方借鉴，力求全面彻底解决。

本辑为"四特教育系列丛书"之《学校体育竞赛与智力游戏活动策划》。

学校体育运动会是学校教育教学工作的重要组成部分，是体育活动中的重要内容。它不仅可以增强学生的体质，同时，也可以增强自身的意志和毅力，并在思想品质的教育上，发挥不可替代的作用。学校举办体育运动会，对推动学校体育的开展，检查学校的体育教学工作，提高体育教学、体育锻炼与课余体育训练质量和进行学校精神文明建设等都具有重要的意义。本书旨在普及体育运动的知识，充分调动广大青少年学生参与体育活动的积极性，内容包括学校体育运动会各个单项的竞赛与裁判知识等内容，具有很强的系统性、实用性、实践性和指导性。

将智力和游戏结合起来，通过游戏活动锻炼大脑，是恢复疲劳、增强脑力、重塑脑功能结构的主要方式，是智力培养的重要措施。

青少年的大脑正处于发育阶段，具有很强的塑造性，通过智力游戏活动，能够培养和开发大脑的智能。特别是广大青少年都具有巨大的学习压力，智力游戏活动则能够使他们在轻松愉快的情况下，既能完成繁重的学业任务，又能提高智商和情商水平，可以说是真正的素质教育。为了使广大青少年在玩中学习，在乐中提高，我们根据青少年的生理、心理特点，特别编写这套书。我们采用做游戏、讲故事等方法，让广大青少年思考问题，解决难题，并在玩乐的过程中，循序渐进地开发智力，达到学习与娱乐双丰收的效果。

本辑共 20 分册，具体内容如下：

1.《团体球类运动竞赛》

学校体育运动的目的是调动学生活动的兴趣，提高学生参加体育运动的积极性和参与率，让学生在运动中体会参与的快乐。本书就学校团体球类运动的竞赛与裁判问题进行了系统而深入地阐述，使学生掌握组织团体球类竞赛的方法体例科学，内容全面，具有很强的系统性、实用性、实践性和指导性。

2.《小型球类运动竞赛》

小型球类运动竞赛包括排球、羽毛球和乒乓球等比赛。

3.《跑走跨类田径竞赛》

跑走跨类田径竞赛包括长短跑、跨栏跑和竞走等项目比赛。

4.《跳跃投掷类田径竞赛》

长期以来，在技术较为复杂的非周期性田径项目的教学中，教师一般都采用以分解为主的教学法。这种教学法，教学手段繁琐，教学过程复杂，容易产生技术的割裂和停顿现象，特别是与现代跳跃和投掷技术的快速和连贯性有着明显的矛盾。因此，它对当前进一步提高教学质量产生了十分不利的影响。

5.《体操运动竞赛》

竞技性体操包括竞技体操、艺术体操、健美操、技巧、蹦床五项运动。其中，竞技体操男子项目有自由体操、鞍马、吊环、跳马、双杠、单杠六项；女子项目有跳马、高低杠、平衡木、自由体操四项。

6.《趣味球类竞赛》

7.《水上运动竞赛》

水上运动包含五个项目：游泳，帆船，赛艇，皮划艇，水球。

8.《室内外运动竞赛》

室内运动栏目包括瑜伽、拉丁、肚皮舞、普拉提、健美操、踏板操、舍宾、跆拳道等；户外运动栏目包括攀岩登山，动感单车，潜水游泳，球类运动等。

9.《冰雪运动竞赛》

冰雪运动主要包括冬季运动和轮滑运动训练、竞赛、医疗、科研、教学、健身、运动器材、冰雪旅游等。

10.《趣味运动竞赛》

趣味运动，是民间游戏的全新演绎，是集思广益的智慧创造，它的样式不同，内容各异。趣味运动会将"趣味"融于"团队"中，注重个人奉献与集体协作。随着中国经济文化的迅速发展，人们精神文化生活的丰富，趣味体育也有了更广阔地发展，逐渐成为一种新的时尚。

11.《锻炼学生观察力的智力游戏策划》

发展观察力的游戏有"目测""寻找""发现"等。这些游戏可帮助广大青少年加强观察的目的性、计划性，扩大观察范围，使孩子能更多、更清楚地感知事物。

12.《锻炼学生注意力的智力游戏策划》

注意力不集中是儿童普遍存在的问题。他们在听课、做作业、看书、活动等事情上，往往不能集中注意力，也没有耐性。在人们的生活、学习和工作过程中，注意力起着非常重要的作用。有位教育专家说：注意力是学习的窗口，没有它，知识的阳光就照射不进来。

13.《锻炼学生记忆力的智力游戏策划》

记忆力游戏是一种主要依靠个人记忆力来完成的单人或团体游戏。这类游戏的形式无论是现实或网络中都是非常多的，参与者能否胜出本质上取决于个人的记忆力强弱，这也是一种心理学游戏。

14.《锻炼学生思维力的智力游戏策划》

这是一本不可思议的挑战人类思维的奇书，全世界的聪明人都在做。在这本书里，你会找到极其复杂的，也是非常简单的推理问题，让人迷惑不解的图形难题，需要横向思维的难题和由词语、数字组成的纵横字谜，以及大量的包含图片、词语或数字，或者三者兼有的难题，令你绞尽脑汁，晕头转向！现在，你需要的是一支铅笔和一个安静的角落，请尽情享受解题的乐趣吧1

15.《锻炼学生想象力的智力游戏策划》

学校的智力游戏活动主要是锻炼学生认识、理解客观事物并运用知识、经验等解决问题的能力，它是直接为学生提高学习能力而服务的，也是学生学习知识的实践运用，它不仅具有趣味性，更具有娱乐性。

16.《锻炼学生表达力的智力游戏策划》

语言表达能力是现代人才必备的基本素质。在现代社会，由于经济的迅猛发展，人们之间的交往日益频繁，语言表达能力的重要性也日益增强，好口才越来越被认为是现代人所应具有的必备能力。本书从大量的益智游戏中精选了一些能提高青少年记忆力的思维游戏，为广大读者提供一个检视自身思维结构，全面解码知识、融通知识、锻炼思维的自我训练平台。

17.《锻炼学生学习力的智力游戏策划》

学校的智力游戏活动主要是锻炼学生认识、理解客观事物并运用知识、经验等解决问题的能力。

18.《锻炼学生空间力的智力游戏策划》

学校的智力游戏活动主要是锻炼学生认识、理解客观事物并运用知识、经验等解决问题的能力。

19.《锻炼学生实践力的智力游戏策划》

社会实践即通常意义上的假期实习，对于在校大学生具有加深对本专业的了解、确认适合的职业、为向职场过渡做准备、增强就业竞争优势等多方面意义。也有些学生希望趁暑假打份零工，积攒一份私房钱。

20.《锻炼学生创造力的智力游戏策划》

本书对创造能力的培养进行研究，包括创造力的认识误区、创造力生成的基本理论、创造力的提升、管理者应具备的技能等，同时针对学生设计的游戏形式来进行创造力的训练。其实，想要激发孩子的创造力，你不必在家里准备昂贵的玩具和娱乐设施。一些简单的活动，比如和宝宝玩拍手游戏，或者和孩子一起编故事，所有这些都能让孩子进入有创意的世界。

由于时间、经验的关系，本书在编写等方面，必定存在不足和错误之处，衷心希望各界读者、一线教师及教育界人士批评指正。

编者

目　录

1

第一章

学生注意力的锻炼指导

1.什么叫注意力

注意力是指人的心理活动指向和集中于某种事物的能力。"注意"是一个古老而又永恒的话题。俄罗斯教育家乌申斯基曾精辟地指出："'注意'是我们心灵的唯一门户，意识中的一切，必然都要经过它才能进来。"注意是指人的心理活动对外界一定事物的指向和集中。具有注意的能力称为注意力。

注意从始至终贯穿于整个心理过程，只有先注意到一定的事物，才可能进一步去集训、记忆和思考等。

注意属心理学的范畴，是指人的心理活动对一定对象的指向和集中，指向和集中是注意的基本特点，注意力就是把自己的感知和思维等心理活动指向和集中于某一事物的能力。感知是感觉和知觉的统称；思维是人脑对客观事物间接的和概括的反映，它反映事物的本质和规律。

指向性是心理活动对活动对象的选择。客观事物并不都能被主体清晰认识，人们在每一个活动瞬间都能依赖意识并需要选择某个特定的对象而离开另一些对象。因此，注意的对象又叫做被主体选择的客体；注意的背景是其他没有被选择的客体，选择的范围是一个或几个互有关系的对象。

集中性是心理活动不仅离开无关事物并抑制了无关活动，使选择的对象维持在相对的时间内，保证对象的清晰反映，如"全神贯注、聚精会神、专心致志、一心一意"等。由于高度集中注意，心理紧张度极高，如医生做手术、电脑上机，注意范围缩小，有时达到"视而不见、听而不闻"的境界。指向性和集中性密不可分，是保证心理活动顺利开展并继续维持下去的前提条件。

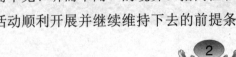

2. 注意的品质和种类

(1) 注意的品质

注意的品质包括注意的广度、注意的分配、注意的稳定、注意的转移。

注意的广度，亦称为"注意的范围"，指对象在同一时间内，注意所能把握的对象的数量。注意的对象越集中，排列得越有规律，越能成为互相联系的整体，以及活动的任务越具体，个体的有关知识经验越丰富，注意的广度就越大。

注意的分配，指在同一时间内把注意指向两种或两种以上的活动或对象上。注意的分配是可能的、必要的，但是是有条件的，其中最主要的是同时进行的两种或两种以上的活动中，只能有一种是不熟练的，其他都已达到相对自动化的，即不需意识控制的程度。

注意的稳定，指在一定时间内把注意持久地集中在某一对象或活动上。对象的新颖性、多变性，活动内容的丰富性，以及个体的精神状态，健康状况等，是保持注意稳定的条件。

注意的转移，指根据新的任务，主动、迅速地把注意从一种对象或活动，指向另一种对象或活动。先后对象或活动的新异程度、吸引程度，以及个体对对象或活动的认识和兴趣等，都会影响注意转移的迅速和难易。

(2) 注意的种类

注意包括有意注意和无意注意。

有意注意，是有预定目的、主动地为一定任务服务的注意。它是自觉的，并需要做出一定的努力。

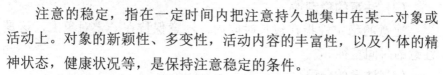

无意注意，是没有预定目的，被动地、自然而然地发生的注意。它不需要做出任何努力。

注意力是智力的五个基本因素之一，是记忆力、观察力、想象力、思维力的准备状态，所以注意力被人们称为"心灵的门户"。由于注意，人们才能集中精力去清晰地感知一定的事物，深入地思考一定的问题，而不被其他事物所干扰。没有注意，人们的各种智力因素：观察、记忆、想象、和思维等将得不到一定的支持而失去控制。

3. 注意的特征

(1) 注意的范围

注意的范围指在一瞬间能够清晰地把握多少对象，如有人逐字逐句地阅读，有人则能一目十行，这种差异和人的实践、知识经验有关。足球运动员的注意只盯在腾空的足球上，才能踢出符合战术要求的球以战胜对手！

(2) 注意的稳定性

注意的稳定性指在较长时间内，注意保持在一定对象上，这是注意的时间特征。

(3) 注意的分配

注意的分配指在同一时间内将注意分配到不同对象上去，即一心多用，如演奏乐器都是右手奏主旋律，左手伴奏并且双手相互配合。各种技能越熟练注意也越容易将其分配到更多的活动上去。

(4) 注意的转移

注意的转移指人能够根据任务、要求及时地将注意由一个对象转移到另一个对象上去。青少年在学校较好地完成学习任务，是他们能根据课表安排有计划地组织注意的转移及时稳定在新的科目上。不然的话他们很难顺利、高质量地完成任务。

（5）注意的紧张度

注意的紧张度指对象对某事物的高度集中，对象越是紧张注意的范围也越小，紧张持续的时间越长容易引起疲劳影响活动的效果。

4. 注意力不集中的原因

通常，儿童注意力不集中有以下几个方面的原因。

（1）生理原因

由于儿童的大脑发育不完善，神经系统兴奋和抑制过程发展不平衡，故而他们的自制能力差，这是正常的，只要教养得法，随着年龄的增长，绝大多数孩子能做到注意力集中。

（2）病理原因

儿童存在轻微脑组织损害、脑内神经递质代谢异常。另外，有听觉或视觉障碍的儿童也会被误以为充耳不闻、不注意听或视若无睹。这些情况需要得到专科医师指导下的治疗才能改善。

（3）环境原因

许多糖果、含咖啡因的饮料或掺有人工色素、添加剂、防腐剂的食物，会刺激儿童的情绪，影响其专心度。此外，儿童的学习环境混乱、嘈杂、干扰过多也会影响孩子的注意力。

（4）引家长教育方式

家长可从以下七方面自查。一、父母教养态度是否一致？二、父母是否太宠爱孩子，使孩子缺少行为规范？三、父母是否为孩子买过多的玩具或书籍？四、家庭生活步调是否太快，令孩子不能适应？五、家里的活动是否太多，无法给孩子提供安静的环境？六、孩子在学习的过程中是否积累了不愉快的经验？例如，孩子跟不上老师和家长的要求，孩子注意力不好时大人给予强化等。七、孩子是否有情绪上的压力？父母和老师是否过多批评、数落孩子？

(5) 心理原因

儿童为了引起他人注意并得到关注，或者为了逃避父母给予过重的负担，便下意识地通过一些行为来达到目的。

过去我们认为注意力缺陷多动障碍与脑部前额叶相关。然而，事实上，大部分受注意力缺陷多动障碍困扰的人是由于小脑没有适当地发挥功能。相关研究者在过去 20 年中的研究发现，小脑发育不良的人同时有注意力缺陷多动障碍的症状。功能性扫描也发现注意力缺陷多动障碍患者的小脑活跃度很低。

5. 注意力不集中的矫治

在正常情况下，注意力使我们的心理活动朝向某一事物，有选择地接受某些信息，而抑制其他活动和信息，并集中全部的心理能量用于所指向的事物。因而，良好的注意力会提高我们工作与学习的效率。注意力障碍，主要表现为无法将心理活动指向某一具体事物，或无法将全部精力集中到这一事物上来，同时无法抑制对无关事物的注意。造成这种情况的原因比较复杂，许多较严重的心理障碍都可以引起注意力障碍。由于学生的学习负担重，心理压力过大而造成高度的紧张和焦虑，从而导致了注意力无法集中的障碍。另外，睡眠不足，大脑得不到充分休息，也可能使人出现注意力不集中的情况。

因此，当你因注意力无法集中而影响学习、倍感苦恼时，不妨采用以下方法进行矫治。

(1) 养成良好的睡眠习惯

一些同学因学习负担重，因此一到晚上便熬夜，有的同学在宿舍开手电筒读书，学到深夜；有的同学不能按时睡觉，在宿舍和同学闲聊。这些同学早晨不能按时起床，即便勉强起来，头脑也是昏沉沉的，一整天都打不起精神，有的甚至在课堂上伏桌睡觉。作为学生，其主要的学习任务要在白天完成，白天无精打采，必然效率低下。所以，如果你是"夜猫子"型的，奉劝你学学"百灵鸟"，按时睡觉按时起床，养足精神，以提高学习效率。

（2）学会自我减压

中学生的学习任务本来就很重，老师、家长的期望又给同学的心理加上一道砝码。一些同学对成绩、考试等看得很重，不堪重负，变得疲惫、紧张和烦躁，心理上难得片刻宁静。因此，我们要学会自我减压，别把成绩看得太重。一分耕耘，一分收获，只要我们平日努力了，付出了，必然会有回报，又何必让忧虑占据心头，去自寻烦恼呢？

（3）做放松训练

读者可以舒适地坐在椅子上或躺在床上，然后向身体的各部位传递休息的信息。先从左脚开始，使脚部肌肉绷紧，然后松弛，同时暗示它休息，随后命令脚踝、小腿、膝盖、大腿，一直到躯干休息，之后从脚到躯干，然后从左右手放松到躯干。这时，再从躯干开始到颈部、头部、脸部全部放松。这种放松训练的技术，需要反复练习才能较好地掌握，而一旦你掌握了这种技术，会使你在短短的几分钟内，达到放松、平静的状态。

（4）做集中注意力的训练

我国年轻的数学家杨乐、张广厚，小时候都曾采用快速做习题的办法，严格训练自己集中注意力。这里给大家介绍一种在心理学中用来锻炼注意力的小游戏。在一张有 25 个小方格的表中，将 1～25 的数字打乱顺序，填写在里面，然后以最快的速度从 1 数到 25，要边读边用手指出，同时计时。

研究表明：7—8 岁儿童按顺序导找每张图表上的数字的时间是 30—50 秒，平均 40—42 秒；正常成年人看一张图表的时间是 25—30 秒，有些人可以缩短到十几秒。你可以多制作几张这样的训练表，

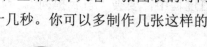

每天坚持训练，相信你的注意力水平一定会逐步提高。"培养良好注意品质，提高学生学习成绩"。

6.提高注意力的方法

注意力就是注意的能力。所谓"注意"是指心理活动对一定对象的指向和集中。指向性是指心理活动对客观事物的选择。举个简单的例子：机械照相机摄影时，取景框内有很多景物，根据需要拍摄时，取近，远不实；取远，近就虚。所谓"逐鹿者不见山"，也是这个道理。集中性是指人的心理活动在特定方向上的保持和深入，直到达到目的为止。

注意能力的差异是客观存在的，但也可以通过生活实践得到改善。怎样提高"注意力"呢？

(1) 明确目的任务

对学习的目的、任务有清晰地了解时，就会提高自觉性，增强责任感，集中注意力。即使注意力有时涣散，也会及时引起自我警觉，把分散的注意收拢回来。

(2) 克服内外干扰

克服内部干扰，除了要避免用脑疲劳，保证充足的睡眠，还要积极参加体育活动，把自身调整到最佳状态；克服外部干扰，除了尽量避开影响注意的外界刺激（如课上收起与上课无关的报刊，在家写作业时关掉收录机或电视等），还应适当地有意锻炼自制力，培养"闹中求静"的心态，使注意力能高度集中和稳定。

(3) 养成注意习惯

学习过程中，要会"自我提问"。为求答案，积极思考，保持高度注意，出现"走神儿"时，要会"自我暗示"，保持注意的稳定。学习即将结束时，更要使注意保持紧张状态，决不能虎头蛇尾。俗话说"习惯成自然"，从养成良好的注意习惯人手，是全面提高注意力的捷径。

保持良好的注意力，是大脑进行感知、记忆、思维等认识活动的基本条件。在我们的学习过程中，注意力是打开我们心灵的门户，而且是唯一的门户。门开得越大，我们学到的东西就越多。而一旦注意力涣散了或无法集中，心灵的门户就关闭了，一切有用的知识信息都无法进入。正因为如此，法国生物学家乔治·居维叶（George Cuvier）说："天才，首先是注意。"

7. 集中注意力的训练

注意力的集中作为一种特殊的素质和能力，需要通过训练来获得。那么，训练注意力的方法有哪些呢？

（1）运用积极目标的力量

这种方法的含义是什么？就是当你给自己设定了一个要自觉提高自己注意力和专心能力的目标时，你就会发现，你在非常短的时间内，集中注意力这种能力有了迅速地发展和变化。

同学们要有一个目标，就是从现在开始比过去善于集中注意力。不论做任何事情，一旦进入状态，能够迅速地不受干扰，这是非常重要的。比如，你今天如果对自己有这个要求，要在高度注意力集中的情况下，将这一讲的内容一次都记忆下来。当你有了这样一个训练目标时，你的注意力就会高度集中，你就会排除干扰。

同学们知道，在军事上把兵力漫无目的地分散开，被敌人各个围歼，是败军之将。这与我们在学习、工作中一样，将自己的精力漫无目的地散漫一片，永远是一个失败的人物。学会在任何时候将自己的注意力集中起来，这是一个成功者的品质。培养这种品质的第一个方法，是要具这样的目标。

（2）培养对专心素质的兴趣

有了这种兴趣，你们就会给自己设置很多训练的科目、训练的方式、训练的手段。你们就会在很短的时间内，甚至完全有可能通过一个暑期的自我训练，发现自己和书上所赞扬的那些大科学家、大思想家、大文学家、大政治家、大军事家一样，有了令人称赞的集中注意力的能力。

同学们在休息和玩耍中可以轻松、自在，一旦开始做一件事情，如何迅速集中自己的注意力，这是一种才能。就像一个军事家迅速集中自己的兵力，在一个点上歼灭敌人，这是军事天才。我们知道，在军事上，要集中自己的兵力而不被敌人觉察，要战胜各种空间、地理、时间的困难，要战胜军队的疲劳状态，要调动方方面面的因素，需要各种集中兵力的手段。同学们集中自己的精力、注意力，也要掌握各种各样的手段。这些都值得探讨，是很有趣的事情。

（3）要有对专心素质的自信

千万不要受自己和他人的不积极暗示。有的家长这样说孩子："我的孩子注意力不集中。"在很多场合都听到家长说："我的孩子上课时精力不集中。"有的同学自己可能也这样认为。不要这样认为，因为这种状态可以改变。

如果你现在比较善于集中注意力，那么肯定那些天才的科学家、思想家、事业家、艺术家在这方面还有值得你学习的地方，你还有不及他们的差距，你就要想办法超过他们。

对于绝大多数同学，只要你有这个自信心，相信自己可以具备迅速提高注意力集中的能力。我们都是正常人、健康人，只要我们下定决心，不受干扰，排除干扰，我们肯定可以使注意力高度集中。希望同学们对自己实行训练并持之以恒，以期发生质的飞跃。

（4）善于排除外界干扰

学生要训练排除干扰的能力。毛泽东同志在年轻的时候为了训练自己注意力集中的能力，曾经给自己立下这样一个训练科目——到城门洞里、车水马龙之处读书。为了什么？就是为了训练自己的抗干扰能力。同学们一定知道，一些优秀的军事家在炮火连天的情况下，依然能够非常沉静地、注意力高度集中地在指挥中心选择战略战术。生死就悬在头上，可是他还要能够排除这种威胁对你的干扰，来进行军事上的部署。这种抗拒环境干扰的能力，需要训练。

（5）善于排除内心的干扰

在这里要排除的不是环境的干扰，而是内心的干扰。在课堂上，周围的同学都坐得很好，周围很安静，但是有的同学内心可能有一种骚动，有一种干扰自己的情绪活动，有一种与学习不相关的兴奋。对各种各样的情绪，同学们要善于将它们放下。这时候，同学们要学会将自己的身体坐端正，将身体、整个面部表情放松下来，也就是将内心各种情绪随着身体的放松都放到一边，常常内心的干扰比环境的干扰更严重。

同学们可以想一下，在课堂上，为什么有的同学能够做到注意力集中呢？为什么有的同学注意力不能集中呢？除了有没有学习的目标、兴趣和自信，就是同学们善于不善于排除自己内心的干扰。有的时候并不是周围的同学在骚扰你，而是你自己心头有各种各样浮光掠影的东西。如果你确实想做一个自己也很满意的人，就要具备任何情况下都能够集中注意力的素质和能力，善于在各种环境中能够排除环境的干扰及自己内心的干扰。

（6）节奏分明地处理学习与休息的关系

同学们千万不要这样学习：从早到晚就是复习功课，书一直在手边，但是效率很低，一会儿干干这个，一会儿干干那个。时间就这样过去了，休息也没有休息好，玩也没玩好，学习也没有什么成效。或者，你一大早到公园读外语，坐了一两个小时，散散漫漫，没有记住多少东西，这便是学习和休息、劳和逸的节奏不分明。

正确的态度是要节奏分明。那就是同学们从现在开始，集中一小时的精力，背诵80个英语单词，同学们需要高度集中注意力，尝试着把这些单词记下来。学习结束，适当休息玩耍。当需要再次进入学习状态的时候，同学们又能高度集中注意力，这便是张弛有道，所以同学们一定要训练这个能力。

永远不要熬时间，永远不要折磨自己。同学们一定要善于在短时间内迅速集中注意力，高效率地学习。同学们要这样训练自己：安静的时候，像一棵树；行动的时候，像闪电雷霆；休息的时候，流水一样闲适；学习的时候，像军事上实施进攻一样集中优势兵力。这样的训练能使自己越来越具备注意力集中的能力。

（7）空间清静

这个方法，非常简单，当你在家中学习时，要将书桌上与学习内容无关的书籍、物品全部清理干净。在你的视野中，只有你现在要学习的科目。这种空间上的处理，是你训练自己注意力集中的最初阶段的必要手段。同学们常常会发现这样生动的场面，你坐在桌子前，想学数学了，这儿有一张报纸，本来是垫在书底下的，上面有些新闻，你忍不住就开始读了，读了半天，才知道我是来学数学的。或者本来你是要学习的，桌子一角的小电视还开着呢，看着看着，从数学王国出去了，到了电视节目那儿了，这是完全可能的，甚至可能是一个小纸片，上面写着什么字，看着看着又想起一件事情。

所以，作为训练自己注意力的最初阶段，做一件事情之前，首先要清除书桌上全部与此刻学习无关的东西。然后迅速进入主题。如果你能够做到一分钟之内没有杂念，进入主题，你就了不起。如果你半分钟就能进入主题，就更了不起。如果你坐在那里，十秒、五秒，甚至当下就进入学习状态，那就是天才，那就是效率。有的人说，自己复习功课用了四个小时，其实那四个小时大多数在散漫、低效率中度过，没有意义。反之，你一坐在那里便开始学习，将与此无关的全部内容置之脑外，这就是高效率。

（8）清理大脑

收拾书桌是为了集中注意力，那么你同时也可以清理自己的大脑。你经常收拾书桌，慢慢就会有一个形象的类比，觉得自己的大脑也像书桌一样整洁。

大脑像是一个屏幕，里面堆放着很多东西，当你准备进入学习状态的时候，将在自己心头此时此刻各种无关的情绪、思绪和信息收掉，在大脑中就留下你现在要进行的科目，就像收拾你的桌子一样。

同学们，这样的训练希望你们从今天开始就要做，它并不困难。当你将思想中的所有杂念都去除的时候，一瞬间你就进入了专一的状态，你的大脑就充分调动起来，你才可以有才智，你才可以有发明，你才可以有创造，你才可以有观察的能力、记忆的能力、逻辑推理的能力和想象的能力。如果不是这样，你坐在那里，十分钟之内脑袋瓜里还是车水马龙，还是风马牛不相及，还是天南海北，那么这十分钟是被浪费掉的。再有十分钟，不是车水马龙了，但依然是熙熙攘攘的街道。到最后开始学习了，难免三心二意，效率很低。我们要善于迅速进入自己专心的主题。

（9）对感官的全部训练

前文我们讲了清理自己的书桌，其实我们还可以进行视觉、听觉、感觉等方面的训练。同学们可以训练自己一段时间内盯紧一个目标，而不被其他的图像所影响。你们可以训练在一段时间内虽然有万千种声音，但是你们集中聆听一种声音。你们也可以在整个世界中只感觉太阳的存在、只感觉月亮的存在，或者只感觉周围空气的温度。这种感觉上的训练是进行注意力训练的有效技术手段。

(10) 不在难点上停留

同学们都会意识到，我们理解的事物、有兴趣的事物，当我们去探究它、观察它时，就比较容易集中注意力。比如说我喜欢数学，数学课就比较容易集中注意力，因为我理解，又比较有兴趣。反之，因为我不太喜欢化学，缺乏兴趣，对老师讲的课又缺乏足够的理解，就有可能分散注意力。

在这种情况下，我们就有了正、反两个方面的对策。正向的对策是，我们要利用自己的理解力、利用自己的兴趣集中自己的注意力。而对那些自己还缺乏理解、缺乏兴趣的事物，当我们必须研究它、学习它时，这就是一个特别艰难的训练了。

首先，同学们倾听老师讲课的过程中，不要在出现任何不理解的环节上停留。这一点不懂，没关系，接着听老师往下讲课。你在研究一个事物的时候，这个问题你不太理解，不要紧，你接着往下研究。你读一本书的时候，这个点不太理解，你做了努力还不太理解，没关系，放下来，接着往下阅读。千万不要被前几页的难点挡住，对整本书望而止步。实际上，在你往下阅读的过程中可能会发现，后边大部分内容你都能理解，前边这几页你所谓不理解的东西，你慢慢也会理解。

如果你对这些内容还缺乏兴趣，而你有必要去研究它和学习它，你就要这样想，兴趣是在学习、掌握和实践的过程中逐步培养起来的。

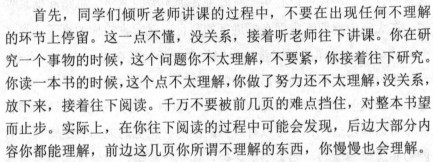

8. 保持注意力的方法

保持注意力的习惯能使你的学习和工作更有条理，如果你全神贯注投入学习或工作几个小时，一定会比不断分心地学习和工作一天取得更多的成果。那么，怎样才能保持集中注意力呢？

（1）杜绝干扰

在学习和工作中，周围的干扰足以让你在学习和工作中心神不宁，如喧嚷的环境，手机铃声等都是随时打断你学习工作的干扰源，你需要杜绝它们。一般一个人进入专注状态需要 15 分钟时间，如果每 5 分钟就要被打断一次，你又如何能够聚精会神？所以，专门划出时间来学习或工作，拔掉你的网线或者关掉通信软件，告诉别人"请勿打搅"。

(2) 安排合适的工作场合

环境对你能否专注学习和工作有很大的影响。

明确目标和任务：在学习和工作开始前应该清楚目标和要求，如果你连学习的目标或工作需要完成什么、需要达到什么要求都不知道，其后果是可以想像的。

(3) 理出头绪

清空你的大脑，脑中堆着一大堆任务只会让你难以全神贯注。在工作开始前，明确目标的同时，也花上几分钟为所有零碎的任务理出头绪、分清秩序，否则你只会浪费时间去处理这些任务带来的混乱和冲突了。

(4) 指定时限

限时完成任务对于专注度的影响有好有坏。一个存在于意识中的时限能使你忘记琐碎的小事从而提升你的速度。时限也会令你陷入无法按时完成任务的焦虑而难以专心于手头的工作。

(5) 限定任务时间

如果你需要在一天内完成一个可能花费几周时间的工作，就该把任务划分成块，分别设定时限，以此保证在短时间内完成任务的重要部分。

如果你的任务很容易扩展出其他的要求并不断产生子任务，时限可以使你更好地控制进度而不至于东奔西走陷入混乱。

(6) 避免拖延

当你担心自己的困怠是否会耽误任务进度时，请设定一个时限。

(7) 清除障碍

当你的学习或工作中遇到棘手的问题，思路受阻时必定会心烦意乱难以专注。这时你就需要清除障碍，使你依然集中注意力。

(8) 隔离自己

除非需要合作，那么你就在学习时做个隐士，在闹哄哄的学习环境中隔离自己，构筑一个私人空间，直到学习完成再去与人攀谈。构建这样的环境才能使你更好地完成任务。

(9) 健康能够驱动头脑飞转

身体状况决定了专注程度。没人会指望一个醉醺醺的家伙能全身心地投入工作。长期睡眠不足、过度使用兴奋药物（比如咖啡因）、酽饮浓食、摄入过多能量，这些都会影响你集中注意的能力。请戒掉其中某些不良的生活习惯，保持一个月，看看你的体质是否得到改善。你只需要改变一丁点儿不良的生活行为，就可以大幅提高专心能力。

9. 集中注意力的测试

下面我们将介绍几种心理训练方法，你不妨把它当做是游戏，在玩中培养你的注意品质，锻炼你的意志。如果持之以恒，一定会对你有益处的。

这些游戏都是为了提高人的注意力，有意识地把握增强注意的原则和方法。

(1) 加算练习

这是一张用来测定人的性格类型的测验用纸。

在练习一栏内先掌握快速加算的方法，熟练后再正式加算练习。

方法是把相邻的两个数字相加，将得数写在两数之间的空白处，得数超过 10，只写个位数，不写十位数。例如，4+6=10，只写"0"不写"1"。

要求：

①要准确又要迅速，如发现写错了不用擦掉，在原处修改；

②每分钟加算 1 行，最初练习可以只做 3 分钟，每周做 2～3 次，看加算量有无进步？错误是否减少？3 周后增加到 5 分钟，每周 3～4 次。

（2）划消练习

用专用纸或加算表。

①每次也是 1 分钟快速划消 1 行。

②不是加算，而是将某行中的某数划去，不能漏划也不能错划。

③时间与次数同上。

④划消练习可以变换数字（如划 5、划 3），增加难度即划 5 时，5 前如有 3 或 6 则不划，否则算错，这样难度大了，要求多方面的注意品质才能完成。

（3）追视练习

练习 1

①练习纸上有 10 条线交错在一起，必须迅速地从左向右追视每条线，将起始的序号填在右端上，1 分钟完成。

②每写对一根得 1 分，只能用目光追踪不得用手指或笔尖帮助。

练习 2

在印有 4 个追视图的测验纸上，用同样的方法，4 分钟内完成任务，最佳成绩应为 40 分。

舒尔特方格：

①在 55 厘米的方格内填有打乱了的 1～25 的数字，要快速、准确地将每格内的数序一一指出共用 5 分钟；

②可以多准备几张练习纸，减少练习因素的影响。

神经系统灵敏度练习：

①在不同图形内写有被打乱的 *1* ～ *99* 数序，请你细心、迅速地依次找出。用口令开始，记下所用时间。

②这里是空白图形，请你认真仔细地多制作几张数序位置不同的练习纸。这样就可以两人一组进行练习了，这个方法也能观察人的观察力、记忆力、情绪控制能力及个人的神经类型特点。具体参数如下表 *1* 所示。

表 *1*　参考成绩

等级	成人	少年
优	*11* ～ *13* 分	*11* ～ *15* 分
良	*14* ～ *16* 分	*16* ～ *18* 分
中	*17* ～ *19* 分	*19* ～ *23* 分
及格	*20* 分以内	*24* 分以内

第二章

学生注意力的锻炼游戏

1. 双胞胎数字

下面有 2、1、6 三张卡片，试着变换一下它们的位置，就会发现它们刚好是一个能被 43 整除的三位数。

2. 从 1 加到 100

张老师刚到一所小学当老师，大学时她学的是数学专业，所以自然任教数学科目。由于她对所代班级的学生还不了解，所以出了一道智力题来考考她的学生，看看谁更聪明一些。

刚上课，张老师就出了一道从 1 加到 100 的累加题。同学们听完后，个个都拿纸和笔开始算。这时，盼盼突然站起来说："老师，答案是 5050"。当同学们经过仔细验算后，得到的答案的确都是 5050，不禁向盼盼投去了惊讶的目光。张老师让盼盼把他的计算方法给大家分享一下，当他分享完，张蓉和同学们都夸他聪明。

你知道盼盼是用哪种解法解这道题的吗？

$$1+2+3+\cdots\cdots=?$$

3. 老汉丢马

古时候有一位老汉养了一匹马，不幸的是不小心让马走失了，于是他便去找村里的一位秀才帮他写一篇寻马启事。秀才便问老汉："你的马是什么时候丢的？"老汉答道："不是去年就是今年。"秀才又问道："那你一共丢了几匹马呢？"老汉又答道："不是一匹就是二匹。"村里其他人都十分不解，这老汉说话怎么模棱两可呢？如此糊涂，马还能找回来吗？不过，秀才却听懂了老汉的话，写完寻马启事后没几天，老汉的马就找到了。那么请问：老汉究竟是什么时候丢的马，丢了几匹？

寻马启示

4. 失足了的 *10* 文钱

很早以前，曾有三个穷书生上京赶考，途中要投宿一家客栈，而这家客栈的房价是每间 *450* 文，由于没有太多钱去支付，所以三人就决定合住一间房，于是每人给老板支付了 150 文钱。后来，老板见三人可怜，就又优惠了 50 文，并让店里的伙计送还给三个人。伙计心想：三个人分 50 文钱怎样分呢？于是伙计拿走了 20 文，并将剩余的 30 文钱还给了三个书生。问题是每个秀才实际上各支付了 140 文，合计 420 文，加上店小二私吞的 20 文，等于 440 文。但是，还有 10 文钱哪去了呢？

5. 你知道答案吗

中秋节那天，小红家来了很多客人，于是小红就把自己藏了很久的心形水果糖拿出来让大家吃。如果每人分 5 颗的话，还少 3 颗；如果每人分 4 颗的话，就多出来 3 颗。你能猜出来，小红家来了多少个客人，一共有多少颗糖吗？

6. 改一改

小明非常马虎，有一天他在写作业时，把两个数写颠倒了。但老师看后，却对小明说只要把其中一个数稍做改动，这个式子就成立了，你知道怎么改吗？

7. 用多长时间

一只小蚂蚁贪玩迷了路，它很着急，怎么找也找不回去。此时，旁边正好过来一只毛毛虫，于是小蚂蚁上前问毛毛虫，从这里回它的家要怎么走。毛毛虫告诉它，如果绕过这堵墙要走很远的路，最好还是翻墙过去。

听了毛毛虫的话，小蚂蚁决定翻墙回家，而这面墙有 20 米高。如果小蚂蚁只在白天行动，一天只爬 3 米，而晚上它要睡觉，这样又会下滑 2 米。如果小蚂蚁就依这种速度从一边的墙脚出发，需要几天的时间才能翻到墙的另一边回家呢？

8. 年龄问题

壮壮在幼儿园和小朋友玩得很好。可是有一天，壮壮和其他小朋友说："前天我7岁，但是今天我就9岁了！"所有小朋友都不相信，都不和他玩了。

壮壮觉得很委屈，他知道自己没有说谎，就去找老师说明原因。老师知道后，就给其他的小朋友做了解释，小朋友听了老师的解释，才知道原来壮壮说的是实话，于是又和壮壮成了好朋友。你知道这是怎么一回事吗？

年龄

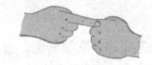

9. 得与失

一天下午，珠宝店进来一位贵太太，当她把珠宝店中的珠宝全部看了一遍后，终于决定要买一颗价值为800元的乳白色珍珠。付钱时，她给了老板一张1000元的支票，因为老板此时找不开钱，只好到对面的大商店中去换钱。等他兑换回来后，这位太太把剩余的200元拿上就走了。

到了晚上珠宝店老板计算今天的利润时，对面大商店老板来找他，因为他发现今天拿的那张支票是空头支票，珠宝店老板无奈之下，赔

给了商店老板 *1000* 元钱。现在，你知道珠宝店老板在这笔生意上是赚了还是赔了？如果赔了他赔了多少呢？

10. 填填看

图中的 *9* 个未知的圈圈，其中有三个横式，一个竖式。圈内只能填入数字 *1～9*，并使这四个等式都成立。一个数字不允许同时填两次。

11. 数字幻方

上五年级的张阳在暑假作业上遇到了两个难题，且都属于智力题，第一个：把 *1～9* 几个数字，填在一个横三格竖三格的框架里，要求每一行和每一列的各数之和相同。

25

第二题，将数字 *1~16* 分别填在一个横四格竖四格的框架中，要求和上一题相同，该如何来填？你能想出答案吗？

1	2	3	4
5	6	7	8
9	10	11	12
13	14	15	16

1	2	3
4	5	6
7	8	9

12. 左右相等

大家试着在下面的三道算式里分别填上合适的运算符号，使等式成立。

① 2 3 4 5 6 7 1=51

② 5 6 7 1 2 3 4=51

③ 6 7 1 2 3 4 5=51

13. 兄弟俩的年龄

有一天，小伟对哥哥大伟说道："哥哥，等我长到像你这么大的年龄时，你就已经 *31* 岁了。"哥哥大伟说道："是啊，我像你这么大的时候，你还是个婴儿呢，只有 *1* 岁。"

请问：小伟和大伟现在各自都是几岁呢？聪明的你猜得出来吗？

14. 6个8

下面有6个8，可以把这些8组成若干个数，然后使其相乘和相加后等于800，到底该如何排呢？

15. 读了多少页书

9月1日，琳琳升到三年级了，从开学开始她每天除了做老师布置的作业，她的妈妈为了让她养成看书的好习惯，还让她每天读10页课外书。可9月5日那天，琳琳去了奶奶那里住，因为奶奶家里没有书，那一天，琳琳破例没有看课外书。

现在你能知道，9月1日后的第9天，琳琳读了多少页书吗？

16. 智填运算符号

小明对数学可以说是情有独钟，而且对于一些数学难题他会很轻松地解答出来，所以知道他的人都称他为"小小数学家"。

一天，他的朋友小方遇到一个数学难题，怎么也算不出来，那就是在 3 个 9 之间添加任意运算符号，使其等于 2。于是，小方带着这个疑问去找小明。当小方刚说完题目，聪明的小明说这不是什么难题，同时在纸上马上添加了运算符号，小方看后豁然开朗。你知道小明是怎样添加运算符号的吗？

17. 神奇的数字

曾经有一位数学老师，无意间发现了一道题，经过仔细分析后终于得出了答案。第二天刚上课，他就给学生出了昨天他发现的那道题：8 − 6=2，这很容易知道答案，如果要使 8 加 6 也等于 2，请同学们证明一下。当时，同学们都以为老师是在开玩笑呢，因为大家认为 8 加 6 怎么也不可能等于 2。

这个时候只有一个同学站起来说可以，并且说明了他的证明方法。当老师听完他的回答后，满意地点了点头。你知道这名学生是怎么证明的吗？

$$8 + 6 = 2$$

18. 等于 *1* 的趣题

今天的体育课因为体育老师正好有事，便把课交给了数学老师代上。数学老师知道学生正处在爱玩的阶段，这次把体育课占用了，他们一定心不在焉，可数学老师又不想白白浪费掉时间。

终于他想出了一个两全其美的办法。上课前，数学老师就进了教室，在黑板上写了一些带符号的数字，分别为：+190，×12，－999，×4，－87，+29，×9，－576，－94，+65，×22，－435，×7，×8，+19，+117。刚上课，他就和学生说，如果谁可以从这些带符号的数字中选5个进行运算，使答案为*1*，并说明是按什么顺序运算的，就可以出去自由活动了。

如果你是其中的学生，要怎样做才可以出去自由活动呢？

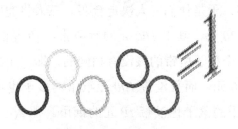

19. 如何分酒

一个人晚上出去打了 *10* 斤酒，回家的路上碰到了一个朋友，恰巧这个朋友也是去打酒的。不过，酒家已经没有多余的酒了，且此时

29

天色已晚，别的酒家也都已经打烊了，朋友看起来十分着急。于是，这个人便决定将自己的酒分给他一半，可是朋友手中只有 7 斤和 3 斤的酒桶，两人又都没有带秤，如何才能将酒平均分开呢？

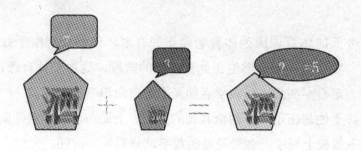

20. 6 张纸币

有甲、乙、丙三个孩子，他们想买一个小型游戏机，但每个人带的钱都不够，于是他们三人决定合买。三人将兜中的钱全部掏了出来，一共有 320 元，其中 100 元的有两张，50 元的有两张，10 元的也有两张。三个孩子所带的钱没有相同的，即一个孩子不可能拥有两张 100 元或 50 元，而且没带 100 元纸币的孩子也没带 10 元的纸币，没带 50 元纸币的孩子也没带 10 元的纸币。那么，你是否能够猜出，这三个孩子原来各自带了多少钱？

21. 称重量

一家生产白糖的厂商，准备给一家食品加工厂送去 10 箱白糖，每箱装 10 袋，每袋重量是 1000 克。就在装车之前，质检部的主任得到消息，由于工人的失误，这 10 箱白糖中有一箱的重量是不标准的，每袋只有 990 克。因为时间紧急，一箱一箱地称显然已经来不及了，那么如何才能用天平或台秤，只称一次就找出不合格的那箱白糖呢？

称一称？

22. 各有几只羊

小明今年 8 岁了，爸爸给他出了一道智力游戏题中：山上面有一群羊，山下面也有一群羊，如果一只山下的羊跑到山上的羊群中，那么两边的羊群数量便一样多，如果山上的一只羊跑到山下的羊群中，那么山下的羊的数量便是山上的羊的两倍。请问：山上和山下各有多少只羊？

小明从来没有接触过这样的智力题，苦思冥想也想不出正确的答案。聪明的你，能够想出山上和山下各有几只羊吗？

23. 计算容积

曾经有这样一个故事，一名毕业于名牌大学数学系的学生，因为他是学校的佼佼者，所以十分傲慢。一位老者很看不惯，就给他出了一道求容积的题。老者只是拿了一个灯泡，让他计算出灯泡的容积是多少。傲慢的学生拿着尺子算了好长时间，记了好多数据，也没有算出来，只是列出了一个复杂的算式。而老者只是把灯泡中注满了水，然后用量筒量出了水的体积，很简单就算出了灯泡的容积。

现在如果你手中只有一把直尺和一只啤酒瓶，而且这只啤酒瓶的下面 2/3 是规则的圆柱体，只有上面 1/3 不是规则的圆锥体。以上面的事例做参考，你怎样才能求出它的容积呢？

24. 牛奶有多重

丽丽在超市看到一瓶牛奶，看了说明，觉得挺适合自己 3 岁的女儿喝，就买了下来。回到家中，她突然想知道，按一定的比例给女儿喝，女儿多长时间可以喝完。她刚要去看看牛奶有多重时，却发现被手快的女儿把说明撕得看不清了。于是她连瓶子秤了秤是 3.5 千克。

过了一段时间，女儿喝完一半，丽丽又连瓶子秤了下是 2 千克。如果你是丽丽，能准确算出牛奶与瓶子的重量吗？

25. 电话号码

由于电话现在越来越普遍，但是号码却成了一个问题。于是管理人员想了一个办法，把只有4位数的区号变一变，这样既解决了问题，又容易记得住。

张阿姨这天来管理处领取自己家的新号码，当她拿到新号码后，觉得非常不错，因为旧号码倒过来写正好是新号码，而且新号码正好是原来号码的 4 倍。张阿姨刚回到家，女儿就问她新号码是什么，张阿姨就按刚才的规律给女儿说了一遍。

你能按张阿姨所说的规律，得出她女儿所知道的新的号码是什么吗？

26. 距离是多少

方静是一个很爱看书的孩子，在她的书架上，摆满了各种学科的书籍。其中的一个方格里，摆的都是历史类书籍。在这个方格里，方静按历史的先后顺序将书籍从左到右摆放，因为摆放的时间过长生了蛀虫。其中的一套《中国历史》，分为四本，每一本的总厚度有 5 厘米，封面与封底的各自厚度为 0.5 厘米。

如果蛀虫从第一本的第一页开始咬到第四本的最后一页，你能算出这只蛀虫咬的距离是多少吗？

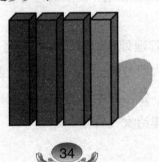

27. 他活了多少岁

阿芬在外地求学，除了家里的人令她十分想念，她还常想起隔壁的李伯伯。因为阿芬在李伯伯那里，总是能碰到一些有趣的问题。一次，阿芬又想起了李伯伯，便打过去电话问候他老人家。在聊到最后时，李伯伯说，我给你出一道题，看你能不能算出来。阿芬爽快地答应了。

有一个人，他有 *1/7* 属于童年生活。当童年过后，他又花了生命中的 *1/4* 去求学。求学生涯结束后，他就结婚了。结婚 *5* 年后，他有了一个可爱的小女孩，他们一家过着非常幸福的生活。但可惜他的孩子只生活了他的一半时间就离开了人世，他每天伤心难过，终于在 *4* 年后，他自己也去世了。你说这个人活了多少岁？阿芬算了算，一会就得出了答案，告诉李伯伯后，李伯伯满意地挂了电话。

28. 调钟表

山上有一座寺院，有一天寺院里的挂钟停了，寺里的一个和尚

35

为了弄清楚时间，只好到山下的施主家去询问，可施主家距离寺院之间的路程却 1000 多米，就算去问了时间，也不能保证回来调整的时间是正确的。和尚经过苦思冥想，终于想出了一个绝妙的好办法，果然调整挂钟的时间和正确的时间没有多大的出入。请问，和尚到底采用了什么好办法？

29. 兔子的年龄

　　下面有 4 只兔子甲、乙、丙、丁，分别是 1，2，3，4 岁。它们中有两只说话了，无论是谁说话，说的是比它大的话都是假话，说的是比它小的话是真话。兔子甲说："兔子乙 3 岁。"兔子丙说："兔子甲不是 1 岁。"你来猜猜看，这 4 只兔子所对应的正确年龄。

30. 字母谜题

星期天小方去同学小圆家玩，小圆的哥哥正好也在家，并提议玩扑克牌。可玩了一会，又觉得没什么意思，就不玩了。这时小圆的哥哥又提议玩猜牌游戏。

首先他拿出了 *16* 张牌，分别是：黑桃 *2*、*3*、*4*、*5*、*7*、*8*、*J*；红桃 *A*、*4*、*Q*；草花 *4*、*5*、*6*、*Q*、*K*；方块 *A*、*5*。只见他从中随便拿了一张，然后把花色告诉了小方，把点数告诉了小圆；接着问他们有他俩这张牌是什么？小圆听完说不知道是什么牌，小方说，我就知道你也不会知道的。小方刚说完，小圆就说，知道这张牌了，很快小方也说他知道是什么牌了。现在，你知道这张牌是什么吗？

31. 冰与水

在我们很小的时候，就明白了"热胀冷缩"的道理，但是有一种很特别的物质却并不遵循这个道理，那就是水，有时候它是"冷胀热缩"。经过多次的实验得出结论：当水结成冰时，其体积会增长 *1/11*，

37

以这个为参考,你知道如果冰融化成水时,其体积会减少多少?

32. 有趣的排列

吴丽的学校要举办一次文艺汇演,她是她们班的文艺代表,老师把一切活动都交给她安排。学校对于这次汇演提出了一个特殊的要求:每个班至少有一个节目要全体参加,而且在节目中队列要采用多变式。

吴丽所在的班级有 24 个人,当她针对这种情况进行排列时,遇到了一个难题:当排到第 5 排,而且每一排都排 5 个人时无法再继续排了。你能告诉吴丽怎样排队伍才能既整齐又美观吗?

要像我们一样排队哦!

33. 多余条件

　　玲玲去做公交车，路上他无聊就数了数公交车上有 *14* 个人，到了一站后，下去了 *3* 个人，上来了 *5* 个人；过了一会儿，又下去了 *7* 个人，上来了 *8* 个人；很快又到了一站，这次有 *11* 人下车，上来了 *2* 个人；现在车上的人很少了，又一站后，又上来 *5* 个人，没有人下车；下一站没有人下车，也没有人上车；很快，公交车就开到了终点站。

　　现在你知道从玲玲上了公交车后到最后一站一共停了几站吗？

34. 为什么总差 1

　　暑假刚刚开始，朋朋和几个同学约好了去爬山，首先要经过一段山路，奇怪的是当朋朋一个人从起点到终点时用 *10* 分钟就可以走完。当他和另一个同学走时就得用 *11* 分钟，三个人走时则又多了 *1* 分钟，每多一个人就要多 *1* 分钟。

　　对于一样的路程，每多一个人走就要多 *1* 分钟，而且其中并不是因为他们之间的谈话影响了速度。你能知道这是什么原因吗？

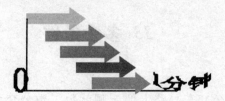

35. 猫抓老鼠

　　周伯伯家储存着大量的粮食，他每天都担心粮食不够安全，所以每天都会去看一看。终于有一天，周伯伯的担心成了事实，他发现在粮食的周围有很多老鼠出没。所以周伯伯就养了几只猫，专门对付这些偷吃粮食的老鼠。

　　养了猫后，粮食自然是安全了很多。猫每天都在粮食的周围活动，一次，一只猫发现了离它只有 10 步之远处有一只飞跑着的老鼠，便马上去抓了。因为大小不一，老鼠跑 9 步的距离与猫跑 5 步的距离一样，但老鼠要比猫灵活得多，猫跑 2 步的时间，老鼠能跑 3 步。

　　照这样的速度，你认为猫可以抓到老鼠吗？如果可以，它要跑多少步呢？

36. 由一半知总数

英国军队在一次激烈的战争过后，医护人员统计受伤人数。在这只队伍中有 100 名士兵，据资料统计：有 85 名伤员失去了一只脚，有 80 名伤员失去了一只手，75 名伤员失去了一只耳朵，70 名伤员失去了一只眼睛。医护人员为了能更准确地得出多少伤员是同时失去了一只脚、一只手、一只耳朵和一只眼睛，但是又不想浪费时间挨个去统计，你能帮助这位医护人员想出一种更好的解决办法吗？

37. 守财奴的遗嘱

有一个守财奴拥有一大群马，他平时对这些马细心照料，足可见他对这些马的喜爱。但随着年龄的增大，他一个人喂养显得越来越力不从心，没过多久，他就被医生告知说得了重病，劝他最好把家里的事做下安排。但他每天想的是这些马要怎么办，他交给谁都不放心。冥思苦想后，他也终于想出了一个好办法。

他在遗书中写道："妻子可以分到全部马匹的一半加上半匹；儿子可以分到剩下马匹的一半加半匹；女儿可以分到剩下马匹的半数加半匹；孙子可以分到最后剩下的半数加半匹。"这样分下来正好分完，他对自己的这个办法也特别满意。你能猜出来守财奴在遗书中是怎么

分这些马匹的吗？（经典数学智力题）

38. 怎样过桥

　　小刚一家人现在需要过一座桥，由于此时正是伸手不见五指的黑夜，因此必须要有灯，可他们一家人却只有一盏灯。现在小刚过桥只需 1 秒，而弟弟则需要 3 秒，他们的父母分别需要 6 秒和 8 秒，而年迈的爷爷则需要更长的时间——12 秒。此桥最多每次可容纳两个人，灯只能燃烧 30 秒，且过桥者的速度依慢者而定，也就是说如果小刚和弟弟一块儿过桥，所耗费的时间就按照弟弟的速度来算。那么，小刚的一家如何才能在 30 秒的时间内全部安全地过桥呢？

39. 数一数

　　黄先生是一家餐厅的老板，由于他懂得经商之道，使他在生意上获得了很大的利润。不久黄先生计划再开一家餐厅，但因为种种原因，还是没有顺利开业。就在他考虑如何解决此事时，电话响了，他接起来，还正巧，是找他做生意的客户。黄先生很是兴奋，于是说好下午面谈。

黄先生急于做成这笔生意，提前到了见面地点，原来这里是要举办活动，中午要在这里用餐，但他听说此次就餐对座位还有一定的安排规则。那就是：

一、每张餐桌上要安排相同数目的人；

二、每张餐桌上就餐人数必须是单数；

黄先生知道后，在安排的过程中发现了以下几个问题。

1. 每桌 3 个人，会剩下 2 个人无法安排；

2. 每桌 5 个人，会剩下 4 个人无法安排；

3. 每桌 7 个人，会剩下 6 个人无法安排；

4. 每桌 9 个人，会剩下 8 个人无法安排；

5. 每桌 11 个人时，就可以把全部的人安排好。

现在，你能帮黄先生数一数在此就餐的人数吗？

40. 赚了多少钱

李婆婆每天都出去卖蛋，而且她每天都只卖 30 颗鸡蛋，30 颗鸭蛋。李婆婆所卖的蛋比其他地方都要便宜，所以生意很好，每天早早的就收摊回家了。用 1 元钱可以从李婆婆这里买到 3 颗鸡蛋，2 颗鸭蛋，这样下来，李婆婆每天可以收入 25 元现金。对此，李婆婆很知足。

一天早上，李婆婆又出摊了。一个陌生的小伙子来到李婆婆这里，要 1 元钱的鸡蛋，1 元钱的鸭蛋，还说，为什么不 2 元钱 5 颗鸡蛋这样卖呢？这样不是卖的更快一些吗？李婆婆听了觉得很有道理，这天，就按小伙子的说法卖了，果然，这天卖得更快了一些。

那么，你知道李婆婆这一天赚了多少钱吗？

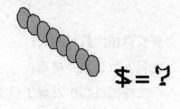

41. 打了多少环

新兵训练快要结束了，最后一次的考试对他们每个人来说都是非常重要的,因为这次的成绩,直接影响着即将分配的任务。其中有A、B、C三名士兵的射击很不错，教官让他们三个比试一下，而且要求他们在打完后，除了找到自己所打的环数，每个人还必须说三句话，而且其中每个士兵都要说一句假话。打完后，靶上的记录为：*240* 环、*200* 环、*180* 环。

A 士兵说："我打中了 *180* 环，比 B 少 *40* 环，比 C 多 *20* 环。"

B 士兵说："我打中的环数不是最少的，而且和 C 的相差 *60* 环，C 打中了 *240* 环。"

C 士兵说："我打中的环数比 A 的少，A 打中 *200* 环，B 打中环数比 A 的多 *60* 环。"

你帮教官分析一下，A、B、C 三位士兵各自的环数到底是多少呢？

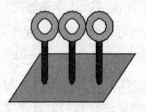

42. 农场家畜知多少

有一财主有三个大农场，而且每个农场中都分别养有马、牛、羊三种动物，他雇佣着很多人看管着这三个农场。有一天财主想了解一下三个农场的家畜各有多少，于是把平时负责三个农场的负责人叫了来。而负责人并没有直接告诉财主，如果按 A、B、C 三个农场来分，他只说了下面几句话。

1）有一个农场中马的数量是 B 农场中牛的数量的 2 倍；

2）有一个农场中羊的数量是所有羊的数量的 1/4；

3）有一个农场中的牛与羊的数量总和与马的数量相同；

4）有一个农场中马的数量是 A 农场中羊的数量的 3 倍；

5）有一个农场中牛的数量是另一个农场中羊的 2 倍。

请你根据上面的几句话，帮财主算一下三个农场中的马、牛、羊各有多少？

43. 小猫跑了多远

星期天，张倩带妹妹和小花猫去同学家玩。途中，张倩发现和同学说好要带的玩具忘记带了，她一个人又返回到家中。10分钟后，张倩刚拿上玩具准备出发，就发现小花猫向她跑了过来，然后又很快返回到妹妹那里，小花猫就这样一直往返地玩这种游戏。

张倩想如果小花猫每分钟跑500米，而自己每分钟跑200米，妹妹每分钟跑100米，那从自己出门直到追上妹妹的这种段时间中，她的小花猫跑了有多远呢？你能替张倩算一算到底小花猫跑了多远吗？

44. 老鼠可以繁衍多少只

老鼠可是说是一种随处可见的动物，而且它的繁殖力也非常惊人。老王那天在市场上闲逛，见到一处围观的人很多，他也就凑过去看了看，原来是卖老鼠的。

他刚过去，就听到卖老鼠人说，一只母鼠每个月都会生产一次，一胎可生12只小老鼠。而且，两个月后，母鼠就又可以生产了。听到这，老王就买了一只，想试试是不是像卖鼠人说的那样。

现在你可以替老王算一算如果现在开始养了一只刚出生的小老鼠，过10个月，老王会有几只老鼠？

45. 买鸡卖鸡赚了多少钱

　　张先生是远近闻名的养鸡专业户，可以说他把全部的精力都用在了鸡的身上，而且他每次买鸡与卖鸡都会做详细的计划。一次，张先生又做好了计划，他计划用 5 万元买回来一批鸡，因为某种原因，他又把这批鸡以 6 万元的价钱卖了出去。

　　几天后，他又用 7 万元钱把那批鸡买了回来，张先生此时正听人说有人想要一批鸡。于是，他又把这批鸡以 8 万元的价钱卖了出去。

　　经过张先生的这两次买鸡与卖鸡，你知道他能赚多少钱吗？

　　数字的魅力同学们总算领悟到了吧，或许一个人的聪明与否不在于这些题目，但是能做对这些题，总归还是不简单的。同学们对照答案，自己检验一下吧！

46. 唐僧分冰淇淋

　　唐僧师徒四人去西天拜佛取经，途中路过火焰山的时候，由于天气十分炎热，大家都口渴了，猪八戒最贪吃，趁这个机会要求唐僧去买冰淇淋来解渴。唐僧只得去买冰淇淋，他总共买了 11 个，因为他的钱只够买 11 个冰淇淋。唐僧把冰淇淋都分给徒弟了，猪八戒、孙悟空、沙僧每个人都一样多，都是奇数，唐僧自己分到的是偶数，他比他的任何一个徒弟都少拿了 *1* 个。

谁知道唐僧分到了几个冰淇淋？

47. 唐老鸭买果冻

唐老鸭看到他的老搭档米老鼠吃果冻吃得津津有味，他的口水都快要流出来了。于是他也跑到商店买果冻吃。卖果冻的是小狗史努比，史努比告诉唐老鸭果冻是 *0.2* 元一个。唐老鸭立刻掏钱买了 *3* 个果冻。唐老鸭想回家去吃，于是他拔腿就往家里猛跑。跑到家里的时候，*3* 个果冻都跑丢了。唐老鸭只得又跑到小狗史努经那里去买果冻，他又买了 *3* 个果冻。非常不幸的是，他在半路上又把 *3* 个果冻跑丢了。这下唐老鸭可着急了,他又气喘吁吁地跑到小狗史努比那里去买果冻,他立刻就把 *3* 个果冻吃了。

请问，唐老鸭一共花了多少钱买了几个果冻？

48. 波勃吃菠菜

大力水手波勃在大海上追击大海盗卡蒙，整整追了 *3* 天才追上并捉住了卡蒙。大力水手波勃必须吃菠菜力气才会变得巨大无比，于是他在他的大船上贮存了 *10* 罐菠菜。在这 *3* 天里大力水手波勃把全部的菠菜都吃完了。

大力水手波勃第一天吃的菠菜比第二天多 *3* 罐，第三天吃的菠菜比第二天多 *1* 罐。第一天吃的菠菜罐数是奇数，第二天吃的菠菜罐数是偶数，第三天吃的菠菜罐数是奇数。

谁知道大力水手波勃这 *3* 天分别吃了多少罐菠菜？

49. 孙悟空追猪八戒

孙悟空从花果山飞到西天如来佛祖的大雷音寺需要20分钟，而猪八戒从花果山飞到大雷音寺却需要30分钟。孙悟空每次都嘲笑猪八戒飞不过他。猪八戒心里十分恼怒，他要求再和孙悟空比试一次。孙悟空认为猪八戒是自己的手下败将，比不比自己都会胜利，便没有答应要和猪八戒比赛。猪八戒故意气孙悟空说："猴哥，你让我先飞5分钟，你肯定追不上我！"孙悟空不相信追不上猪八戒，立刻和猪八戒比赛。

比赛的起点是花果山，终点是西天大雷音寺。猪八戒先飞出了5分钟，孙悟空5分钟后猛追猪八戒。

你知道孙悟空是什么时间、什么地方追上猪八戒的吗？

50. 樱桃小丸子采蘑菇

樱桃小丸子吃腻了家里的鸡鸭鱼肉，她很想吃一些新鲜的东西，换换口味。樱桃小丸子的妈妈告诉她森林里的蘑菇最好吃、最有营养了。樱桃小丸子听着听着就流出了口水，她要她妈妈去森林采摘一些蘑菇回来炖汤喝。她妈妈告诉她："不行，我很忙，这么多家务事还等着我去做呢！你自己去好了。"樱桃小丸子没办法，只好自己去森林采摘蘑菇了。

樱桃小丸子在晴天每天能够采20个蘑菇，雨天每天只能采12个蘑菇，这些天来她一共采了112个蘑菇，平均每天采14个蘑菇。

请问，这些天里有几天是雨天？

51. 孙悟空操练猴兵

孙悟空保护唐僧西天取经回来后，没有什么事干了，回到花果山闲得慌。有一天，孙悟空心血来潮又要他的猴兵摆出当年大闹天宫迎战天兵天将的阵势来。猴兵十分高兴，都争先恐后地跑到练武场上听候孙悟空的调遣。孙悟空数了三遍发现他手下的猴兵不多不少有1001名。孙悟空不知道应该怎样排列才不会把最后一名猴兵漏掉。

亲爱的读者，帮帮齐天大圣孙悟空吧！

52. 宝树上的人参果

唐僧师徒四人去往西天取经来到了镇元子大仙的道观里。镇元子大仙有事出去了，他事先留下两个道童接待唐僧师徒四人。道观里种了一棵宝树，长着人参果，吃一个人参果就能够活1万年。猪八戒知道后，特别想吃宝树上的人参果。那两个道童要考考猪八戒，要是猪八戒回答正确，才会摘一个人参果给他吃。

猪八戒在两个道童的带领下来到宝树前。一个道童指着宝树上的人参果说："这一树的人参果3个人分要剩2个，5个人分要剩3个，7个人分也是剩2个，猪八戒，你知不知道这树上有多少个人参果？"

猪八戒口水都流完了，依然没有算出来。

想尝尝人参果是什么味道的读者朋友，请你不妨也算一算。

53. 阿里巴巴装大金块

大商人阿里巴巴来到了芝麻洞里寻找宝藏。他在芝麻洞里找啊找啊找了很久都没有找到宝藏。阿里巴巴不甘心空着手回去，于是他走到了芝麻洞里的最后一个通道。这下他可高兴极了，因为道路上有很多大金块呢！在大金块的旁边还有一个木箱子。阿里巴巴发现大金块形状大小都一样，都是长 20 厘米、宽 20 厘米、高 10 厘米，他又发现木箱子的长、宽、高都是 30 厘米，他想多装一些金子，于是他就装起大金块来。这个木箱子到底能装多少金子？

54. 小猫乐米乐称蛋糕

小猫乐米乐本来是喜欢吃小鱼的。后来乐米乐不喜欢吃小鱼了，它喜欢吃蛋糕。小猫乐米乐从森林大街里买回了一些香甜可口的蛋糕，分别是 1 克、2 克、3 克、4 克重量不一样的蛋糕，总共有 4 块。它在吃蛋糕之前做了一个有趣的游戏，那就是任意拿出重量不一样的蛋糕进行组合，看最多能有多少种组合。聪明的乐米乐把它们一一组合到了，那么它组合了多少种呢？

55. 姜太公钓大鱼

姜太公钓鱼不用鱼钩、鱼饵也能钓上大鱼来。一天，姜太公闲得慌，他又来河边钓起鱼来，他为自己钓鱼打起分来，钓一条金鱼得 9 分，钓一条鲤鱼得 5 分，钓一条鳕鱼得 2 分。这一天姜太公钓了 2 条金鱼、4 条鲤鱼、6 条鳕鱼。姜太公算数可厉害了，他一眨眼就算出了自己得了多少分。

亲爱的读者朋友，你知道可爱的姜太公钓鱼得了多少分？

56. 如来佛祖的五指山

　　齐天大圣孙悟空大闹天宫，把天上的玉皇大帝吓破了胆。最后没办法，玉皇大帝只好请来了西天的如来佛祖帮忙对付孙悟空。如来佛祖一掌就把孙悟空压住了，他的五根手指变成了一座五指山。如来佛祖的拇指、食指、中指、无名指、小指分别重 6 公斤、4 公斤、4 公斤、3 公斤、2 公斤。后来他又在五指山上加了一根手指，这根手指的重量比最轻的手指重 0.5 公斤。于是如来佛祖就问孙悟空他这 6 根手指总共多重？

　　孙悟空却说："好小子！你别神气，小心我到你的雷音寺去！"
　　孙大圣不爱数学，你们可别学他喔！算算吧。

57. 诸葛亮和周瑜比摸箭

　　周瑜很不服气诸葛亮比他聪明，他老是刁难诸葛亮。有一次，周瑜又刁难起诸葛亮来。周瑜事先把一些标有数字 1 的白箭，标有数字 2 的黄箭，标有数字 3 的黑箭装进了一个箱子里。周瑜当着诸葛亮的面从箱子里取了 10 枝箭，它们的数字和是 21。诸葛亮没有看清周瑜取出了几枝白箭，但他马上就闭着眼睛算出来了。周瑜赶忙清点白箭，答案果然正确，他气得吐了一口血。
　　请问，诸葛亮算出周瑜取了几枝白箭？

58. 一休巧妙算路程

　　聪明的一休被小东东、小乐乐、小西西请到了操场当裁判。小

东东每分钟走 *120* 米，小乐乐每分钟走 *70* 米，小西西每分钟走 *100* 米。小东东问一休："我们三个人同时同向，从同地出发，沿着 *300* 米的环形跑道行走，我走多少米后可以和小乐乐相遇？"这当然难不倒聪明的一休了，小东东刚说完，一休就算出来了。

59. 丑小鸭逛商店

丑小鸭好久没有出门去逛商店了。今天天气很好，它穿上了漂亮的衣服高高兴兴地去逛商店了。丑小鸭一共逛了 *5* 家商店，每进一家商店花的钱，要比口袋里的钱的一半还要多 *1* 元，逛完 *5* 家商店后它身上的钱也正好花完。

丑小鸭一下子算不出它带了多少钱出门，你帮丑小鸭算算吧。

60. 小阿凡提数手指

小阿凡提是一个非常聪明的小孩。大胖胖是一个坏蛋，他总是想欺负小阿凡提，但总是拿小阿凡提没有办法。有一天大胖胖从数学书里找了一个他做了 *8* 天还没有做出来的难题为难小阿凡提。题目是这样的：有一个数加上 *8*，再乘以 *8*，又减去 *8*，最后除以 *8*，结果还是等于 *8*。这个数是多少？大胖胖威胁小阿凡提回答不出来就要挨打。小阿凡提假装数手指来计算，大胖胖冷笑面对小阿凡提。但是小阿凡提只数了两下手指答案就被他算出来了。

61. 小猫乐米乐卖鱼

小猫乐米乐在星期天捕捉了很多鱼。它一下子吃不完，于是它就把一些鱼装进鱼筐里拿到森林大街上卖。

小猫乐米乐把全部鱼的 1/2 卖给了第一位顾客，把剩下的 1/2 卖给了第二位顾客，然后把剩下的 1/2 卖给了第三位顾客，依此这样卖下去，当第六位顾客来买鱼时，小猫乐米乐把最后剩下的鱼卖给了他。

那么小猫乐米乐鱼筐里最初有多少条鱼？

62. 两家有多远

又到了星期天，小东东和小西西都有空。于是小东东打了一个电话给小西西，约小西西从家里出发向小东东家走去，小东东也从家里出发向小西西家走去，乘机测量一下两家的距离。

小东东和小西西相向而行，第一次相遇在距离小东东家 40 米的地方。两个人依然以原速度继续前进，两个人分别到了对方的家门口后立刻返回，他们又在距离小西西家 20 米的地方相遇。小东东和小西西笑哈哈地测量出了两家的距离。

那么两家距离到底是多少米？

63. 难倒小狗史努比

数学老师长胡子山羊布置了两道课外作业，小狗史努比做了两个小时都没有做出来。最后，只好去请教聪明的一休了。

一休看了一下题目：把最小的一位数、最小的两位数、最小的三位数、最小的四位数、最小的五位数加在一起，得数应该是多少？另外，把最大的一位数、最大的两位数、最大的三位数、最大的四位数、最大的五位数加在一起，得数又是多少？

一休看到题目后马上就说出了答案。

64.猪八戒算对了

花果山的猴兵都吵着要它们的头头齐天大圣孙悟空买新衣服给它们穿，要知道，它们有 500 年没有穿新衣服了。孙悟空决定买 150 件猴衣，颜色分别为红、黄、蓝、白。孙悟空给猴兵出了一道题目，算出来了，才买新猴衣。

题目是：如果红色猴衣加上 4 件，黄色猴衣减 4 件，蓝色猴衣乘以 4 件，白色猴衣除以 4 件，那么 4 种颜色的猴衣就一样多，问 4 种颜色的衣服各有多少件？

猴兵算不出来，只好请来了猪八戒，猪八戒拍了一下肚皮就算出来了。

65.小猫乐米乐养的老鼠

小猫乐米乐养了 115 只老鼠，因为老鼠不听话，于是小猫乐米乐立刻把白鼠平均分养在 14 只笼子里，把余下的黑鼠平均分养在 9 只笼子里，正好每只笼子里的老鼠都一样多。老鼠见小猫乐米乐不好惹，都老实了起来。

请问，小猫乐米乐养了多少只白鼠，多少只黑鼠？

66.大力水手波勃的力气

大力水手波勃又要出海巡逻去了，当然他没有忘记往他的船上搬菠菜罐头。菠菜罐头的包装有 3 种：长方形、正方形、圆柱形。长方形罐头重量占总重量的一半；正方形罐头重量占总重量的 1/3；圆柱形罐头比正方形罐头少 30 公斤。

大力水手波勃是个聪明的小伙子，他一下子就算出了 3 种罐头各自的重量。

你算出来了吗？

67.情意缠绵的报警电话

一天，大侦探哈莱金来到皇冠大酒店。他发现在这里喝酒的一伙人，正是国际刑警组织正在缉捕的在逃走私犯。由于这伙罪犯不知道哈莱金的真实身份，所以谁也没注意他。

为了迅速捉拿这些罪犯，哈莱金用电话通知了警方。哈莱金装着和女友通电话，这伙人听到的电话内容是这样："亲爱的罗莎，您好吗？我是哈莱金，昨晚不舒服，不能陪您去夜总会，现在好多了，全亏皇冠大酒店经理上个月送的特效药。亲爱的，不要和目标生气，我们会永远在一起的，请您原谅我的失约，我的病不是很快就好了吗？今晚赶来您家时再向您道歉，可别生我的气呀，好吧，再见。"这伙人听了，大笑不止。可是 5 分钟后，警方突然出现在他们面前，他们不得不举手投降。

你知道这是怎么回事吗？

68. 对准心脏下方开枪

一天，检察官温斯特向名探哈莱金谈起 *20* 年前经办的百万富翁自杀一案。

"艾德加果真是自杀的吗？"哈莱金问道。

"是的。"检察官回答："不过，我对这个案子始终有些不解。艾德加对准自己的心脏下方开了一枪，子弹向上穿过心脏，当即死亡。可是他为什么要那样瞄准——从下往上呢？不过现场没有发现任何他杀的迹象。他死时现场没有任何人，我当时还拍了照呢。"

检察官说着从文件夹里抽出一个小袋子，拿出一张发黄的照片：艾德加倒伏在厨房的桌子上，右手握着一支手枪，离后脑勺不远。

哈莱金仔细地审视着那张 *20* 年前的照片，然后问："艾德加有多高？"

"5 英尺 8 英寸，但他的腿较长，因此坐下时看着显得矮小一些。"检察官说。

"如果是这样的话，我敢肯定他是被谋杀的。"哈莱金宣布了他的推断。

为什么？

69. 阿凡提的旅行路程

阿凡提在家里呆烦了，决定到外面去游玩。于是阿凡提骑上他的那只毛驴出发了。阿凡提的旅游目的地是长城。

阿凡提骑着毛驴走了一半的路程时，他就在毛驴背上睡着了。当他醒来的时候，发现剩下的路程只有在他睡觉时走过路程的 1/4。他眯了一下眼睛就知道了在他睡觉的时候毛驴走过了几分之几的路程。

亲爱的读者，你知道吗？

70. 米老鼠给唐老鸭出题目

米老鼠和唐老鸭是邻居也是好朋友。但是唐老鸭总是不服气米老鼠比它聪明，唐老鸭总是缠着要和米老鼠比试智力。于是米老鼠出了一个题目给唐老鸭算，如果算出来了，米老鼠就甘拜下风。

题目：有一群大雁，1 只在前，4 只在后；1 只在后，4 只在前；1 只在左，4 只在右；1 只在右，4 只在左；1 只在 2 只中间，3 只排成一行，共排了 2 行。问大雁有多少只？队形是怎样排的？

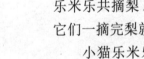

唐老鸭被米老鼠这个题目气得嘎嘎大叫。请你帮帮唐老鸭吧！

71. 小熊威克多摘梨

丰收的秋天又到了，小熊威克多、小狗史努比、小猫乐米乐决定到果园去帮果农伯伯摘水果。它们被分配去摘梨。

小熊威克多和小狗史努比共摘梨 330 千克；小狗史努比和小猫乐米乐共摘梨 300 千克；小猫乐米乐和小熊威克多共摘梨 270 千克。它们一摘完梨就计算各自摘了多少梨来。

小猫乐米乐比它的伙伴聪明一些，一下子就把它们各自所摘的梨的重量算了出来。

你能算出来吗？

72. 阿里巴巴卖香蕉

阿里巴巴从水果批发市场购入了一些香蕉回家乡卖。阿里巴巴把最好的香蕉定价为 1.2 元一斤，把最差的香蕉定价为 0.45 元一斤。阿里巴巴卖最差的香蕉比卖最好的香蕉多卖了 5 斤，两种香蕉卖了一样多的钱数。

聪明的阿里巴巴很快就把卖的两种香蕉的斤数算了出来。

你能算出来吗？别让阿里巴巴失望噢！

73. 一休预算订报人数

小东东带了一道在课堂上没做完的作业题回家做。但是小东东做了很久还是没有做出来，小东东不想再做下去了，他拿起作业本就去找聪明的一休。

小东东把题目读给了一休听：全班 42 名同学都订了报，其中订阅《智力报》的有 33 名；订阅《奥林匹克习题报》的有 28 名。问有多少同学两种报纸都订了。

一休对小东东说："别急，别急！"一休一闭上眼睛就算出来了。

你能比一休算得快吗？

74. 唐僧计算经书页码

唐僧历经千辛万苦终于来到西天大雷音寺领取佛经。如来佛祖出了一道题目想考考唐僧。如来佛祖对唐僧说："我有一本佛经，它的页码不到 3000。把这本书的全部页码除以 2 余 1，除以 3 余 2，除以 4 余 3，除以 5 余 4……，除以 9 余 8。问这本佛经准确页码是多少？"

你也来试试吧！

75. 唐僧耍赖

唐僧师徒偷吃了镇元子大仙的人参果，但却在镇元子大仙面前耍赖说没吃人参果。镇元子大仙气得要油煎唐僧。唐僧只得说："你的人参果是被我 3 个徒弟吃了，你要惩罚就惩罚他们 3 个人吧。他们一共偷吃 45 颗人参果。孙悟空如果分 4 颗给猪八戒，再从猪八戒那里分 7 颗给沙僧，那么他们 3 个人就吃了一样多。"

镇元子大仙一下子就算出来了。

你知道孙悟空、猪八戒、沙僧各吃了多少颗人参果吗？

76. 小猫乐米乐写字

小猫乐米乐、小狗史努比、小熊威克多、小鸭圣吉奥一起练习写字。史努比看到威克多比自己少写 8 个字，看到圣吉奥写的字数仅是自己的 1/2。圣吉奥和史努比写的字加起来，比乐米乐多 8 个字。已知它们总共写了 264 个字，问它们各自写了多少个字？

小鸭圣吉奥、小猫乐米乐很快有了答案。

小熊威克多、小狗史努比急得算不出来。

你也来试试吧！

77. 小东东换泡泡糖

东街大商店有泡泡糖卖，价格是 1 角钱 1 个。小东东特别爱吃泡泡糖。有一天他又拿着妈妈给他的零花钱去买泡泡糖去了。店老板告诉了他一个最新的消息：3 张泡泡糖包装纸可以换回 1 个泡泡糖。小东东很高兴，他拿出 1 元钱对店老板说："照你这么说，我花 1 元钱可以买多少个泡泡糖呢？"店老板笑着问小东东："你自己知道吗？"

小东东不好意思地笑了笑，摇了摇头。

你帮帮小东东好不好？

78. 法海出怪题为难白蛇

聪明善良的白蛇娘娘被金山寺的法海和尚困在雷峰塔下有 100 年了。白蛇娘娘一直想出去和家人团圆。法海和尚便出了一个题目要白蛇娘娘算，如果算对了才会放人。

题目：金山寺有 100 个和尚，共吃 100 个馒头。大和尚每人吃 3 个，小和尚 3 人吃 1 个。问金山寺各有大小和尚多少个？聪明的白蛇娘娘一下子就算出来了，法海和尚只好放了她。

你知道聪明的白蛇娘娘是怎么算的吗？

79. 阿里巴巴妙算数学家年龄

阿里巴巴做生意发了大财，于是他就用这笔钱周游世界。一天，阿里巴巴来到了古代大数学家丢番图的墓前，刻在墓上的碑文是丢番图出的一道数学应用题，要求依题算出他的年龄。

碑文是这样写的：我的 *1/6* 是童年，我的青年时代占我一生 *1/12* 的时间，又过了我一生 *1/7* 的时间我结婚了，*5* 年后生了个儿子，但是儿子的年龄只是我的一半，儿子死后，我只活了 *4* 年就去世了。

阿里巴巴看完碑文就算出了数学家的年龄。

你能够算出来吗？

80. 包拯考学位的怪题

宋朝大清官包拯 *15* 岁考状元的时候，碰到的考题是这样的：

有一些姑娘去买花布，她们同时看上了一家布店里的红色布料。于是她们争先恐后地掏钱买，如果每人分 *6* 匹，就余 *5* 匹；如果每人分 *7* 匹，就差 *8* 匹。问有多少人在分多少匹布？

包拯才思敏捷，一下子就算出来了。

你和包拯比一比吧。

81. 拿破仑操练敢死队员

拿破仑是个足智多谋的军事家，他训练了一支 *160* 人的敢死队专门打头阵。他为了让他这支敢死队时刻保持警惕，于是在半夜三更士兵熟睡时候，突然吹起紧急集合的哨令。领队长官发现有 *89* 人戴了军帽，有 *67* 人穿了军鞋，有 *10* 人军帽没戴也没有穿军鞋。拿破仑马上问领队长官有多少士兵既戴了军帽又穿了军鞋。

领队长官要去数。拿破仑大喝一声："不要去数了，我早知道了。"

你知道拿破仑算出的答案吗？

82. 孔融摘梨

古代有个聪明的小孩叫孔融,他很喜欢吃梨。有一天,孔融的爷爷带他到自家梨园里摘梨吃。他爷爷要求孔融只准摘右边的 *14* 棵梨树上的梨,又要求他从第一棵梨树上摘 *1* 个梨,从第二棵梨树上摘 *2* 个梨,从第三棵树上摘 *3* 个梨,依此类推,直到摘到第十四棵梨树为止。孔融只记得摘梨,不记得数梨了。他刚从第 *14* 棵梨树上下来的时候,他爷爷马上问他一共摘了多少个梨。孔融闭上眼睛就算出来了,他爷爷笑着奖给了他一个大梨吃。

你想吃梨的话,就赶快算吧。

83. 曹冲算灌溉时间

三国时期,魏国的太祖皇帝曹操有一个儿子叫曹冲。曹冲很聪明,曹操非常喜爱他。有一次曹操骑马带曹冲来到一片农田里,他们看到一个人在和一辆水车比赛灌溉农田。于是曹操马上出了一道题目来考曹冲:如果单独用一辆水车灌溉农田的话,*5* 小时可以灌溉一块农田;如果一个人用水桶提水灌溉农田,要 *15* 小时才能灌溉一块农田;假如水车和那个人同时灌溉一块农田,需要多少时间灌完?

曹冲马上就说出了答案。

现在轮到你算了,开始吧,朋友。

84. 张飞和关羽的年龄

张飞和关羽是三国时期有名的武将。他们的威名扬遍天下,但是他们不喜欢别人说他们两个人年年老力衰。有一次，有一个小孩不知道他们的脾气来问他们的年龄。张飞问了小孩的年龄后大怒，说："你太淘气了，这么点年纪就来冒犯我们。你听着，你关羽爷爷的年龄倒着读是你张飞爷爷的年龄数；我和你关羽爷爷的年龄差除以 2 是你的年龄数，你张飞爷爷是你年龄的 10 倍。你知不知道我们的年龄？"

小孩被张飞吓得说不出话来。

你快帮帮这个小孩吧！

85. 乐毅长桥排兵点人数

春秋时期，燕国有一名大将名叫乐毅，他是一位著名的军事家，有勇有谋，很少碰到对手。有一次敌军入侵国境，形势十分紧急。此时此刻他正在外地巡察军情，他来不及回都城调兵遣将，就立刻在当地召集了一些民兵急急忙忙开赴前线。他们来到了一座长桥边，乐毅将军队分两排过桥。这座桥长 40 米，每排士兵相隔 0.2 米，每分钟走 12 米，军队从前排上桥到末排下桥共用 8 分钟。乐毅心中一估算，他就知道了这支军队有多少人。亲爱的读者，你算出来了吗？

86. 刘备追张飞

东汉末年，汉室王孙刘备为了请出隐居在卧龙冈的诸葛亮，三顾茅庐终于成功地请出了诸葛亮。我要讲的是刘备第二次带领关羽、张飞去请诸葛亮的故事。

关羽、张飞刚开始不服诸葛亮，他们要亲自去卧龙冈把诸葛亮捉下山来。于是他们两个人从住所大步朝卧龙冈走去。他们出发的时间是早上 8 点，关羽每小时走 4.5 公里，张飞每小时走 4 公里。刘备

64

得知情况是上午 10 点，他立刻快步来追张飞他们，下午 4 点，关羽和刘备同时到达卧龙冈。请问刘备是什么时候追上张飞的？

87. 哪吒算对了吗

《西游记》里的哪吒小时候可是一个非常聪明的孩子。有一次他父亲李天王带着他去天山游玩。他们回到家后，李天王就出了一道题考哪吒。他说："刚才我们上山每小时走 7 千米，下山每小时走 8 千米，上山所用的时间比下山多用了 15 分钟，你能算出从山脚到山顶的距离吗？"

哪吒脱口而出："14 千米。"

是不是这样的呢？你来算算吧！

88. 孔子书架上的书

青年时期的孔子收了 100 个弟子。孔子的书架有 3 层，总共放了 450 本书。有一次他问一个弟子："我从第二层拿 35 本书放到第一层，从第三层拿出 2 本书放到第二层，又从第一层拿出 29 本书放到第三层。这样一放 3 层的书都相等了，那么原来 3 层各有多少本书呢？"

孔子的弟子当然是非常聪明的，他眨了两下眼睛就说出了答案。

89. 孔子给学生分桔子

孔子招收了一些学生，由于人数太多，他的书房安排不下。于是他把学生分成了大小两个班。孔子在过春节的时候，买了一些桔子回来准备分给他的学生吃。在分桔子的时候，孔子出了一个题目考他的学生。他说："我把这些桔子平均分给两个班，每人可分 *3* 只桔子。如果只分给大班，每人可得 *4* 只。假如分给小班呢，每人又可得几只？"

孔子的学生全部回答出来了，他们是同时举手回答的。

你有没有这么快呢？

90. 牛顿数苹果

著名物理学家牛顿来到后院的果园里游玩，他碰到了一个仆人在摘果子。仆人知道牛顿又是用脑过度特地出来休息的。于是他走到牛顿面前出了个非常简单的题目考牛顿。他说："这个果园的苹果数量是桔子数量的 *2* 倍。我和你另外再加 *20* 个人来分配，每个人都可以分到 *3* 个桔子，*4* 个苹果。桔子分完了，而苹果还剩 *120* 个。问果园里共有多少桔子和苹果？"

牛顿的脑子太疲劳了，他竟然一个一个去数。而仆人一下子就算出来了。

你快帮帮著名物理学家牛顿吧！

91. 高斯做数学

世界级数学家高斯是德国人，他从小就很聪明。高斯 *7* 岁那年，家里把他送上了小学。有一天数学老师布特纳先生出了一道算术题让他的学生做。题目是：*1+2+3+4+5……+99+100=*？布特纳先生在黑板上刚写完题目，坐在前排的高斯马上就算出了答案，而其他同学直到下课都还没有算出来。

亲爱的读者，你知不知道答案？

92. 鲁智深翻碗

梁山泊英雄好汉花和尚鲁智深最拿手的游戏就是两只手一下翻转 3 个碗。有一天，他的好朋友林冲拿出 4 个大碗要他翻，并且问他："4 个碗几次翻得完？"鲁智深想了一下，他一下只能翻转 3 个碗，4 个碗不可能一下翻完。这下可难倒鲁智深了。

亲爱的读者，你说鲁智深要翻几次呢？

93. 骆宾王巧算鹅重

唐代的大诗人骆宾王 7 岁就能写出名垂千古的妙诗。他不仅文才绝妙，而且数学天赋也很高。有一次，骆宾王过 8 岁生日时，他爷爷出了一道题目考他。题目是：1 只鹅等于 1 只鸭和 1 只鸡的重量之和，1 只鹅加上 1 只鸡等于 1 只兔子的重量，2 只兔子的重量又等于 3 只鸭的重量。那么，1 只鹅等于几只鸡的重量？

骆宾王只眨了一下眼睛就算出来了。

亲爱的读者，你有没有骆宾王那样厉害？

94. 苏东坡钓鱼

北宋三大文学家苏洵、苏轼、苏辙父子三人共同去郊游钓鱼。苏轼别名"苏东坡"。苏洵是苏轼、苏辙兄弟的父亲，他钓到的鱼的数量是苏东坡的 3 倍，苏辙钓到的鱼的数量是苏东坡的 2 倍并且只比苏洵少 1 条。于是苏洵和苏辙都问苏东坡钓了多少条鱼。

苏东坡才思敏捷，这个问题根本难不倒他的。亲爱的读者，你没有被难倒吧？

95. 岳飞妙算拔河比赛

南宋抗金名将岳飞击退了金兵多次进攻。于是奖赏三军，并且举行了一场拔河比赛。左边的参赛人员是 3 个小兵和 2 个大兵，右边参赛人员是 4 个大兵和 1 个小兵。比赛之前人们都知道 4 个大兵的力气和 5 个小兵的力气相当，但左边那 2 个大兵是孪生兄弟，力气特别大，他们的力气是 2 个小兵与 1 个大兵的力气之和。还没比赛岳飞就说出了胜败，赛后结果正如岳飞所说的。

那么岳飞到底是说哪边胜利了呢？

96. 唐伯虎借钱还钱

明朝有名的风流才子唐伯虎要进京赶考，他身上的银两不够，于是他就向同路的祝秀才借了 10 两银子。后来祝秀才又要花钱，就向同路的文秀才借了 20 两银子。文秀才身上没钱花了，只好向同路的丁秀才借了 30 两银子。丁秀才实在没办法了，他反过来向唐伯虎借了 40 两银子。赶完考后，他们四个人一同清账还钱。唐伯虎想了一个好办法，只要动用最少的钱就能清完账目。

那么，唐伯虎想的是什么办法呢？

97. 唐老鸭和米老鼠比赛

星期天的时候唐老鸭不知道怎么打发时间，这时它的老朋友米老鼠来找它玩。米老鼠要和唐老鸭玩百米往返赛跑，总路程是*200米*。唐老鸭一步跑*3米*，米老鼠3步只能跑*2米*。米老鼠奔出一步的时候，唐老鸭已经奔出两步，比赛就这样进行。唐老鸭坚信自己会胜利。

亲爱的读者，唐老鸭会不会胜利？算一算吧。

98. 遗产分配

清朝康熙年间有个大贪官在临终前对怀孕的妻子说："如果你生的是儿子，就把遗产的*2/3*分给儿子，母亲拿*1/3*；如果你生的是女儿，母亲拿遗产的*2/3*，女儿可得到*1/3*。"但是后来他的妻子生下一男一女双胞胎。这下他妻子就为难了，这是她没有预料到的。那么遗产该怎样分呢？你也想想吧！

99. 岳飞分兵

岳飞又招收了*54389*名勇士准备抗击金兵。他决定把这些士兵分到各大军营中去。每个军营分到的士兵一样多，军营的数量比分到一个军营的士兵个数要少。

岳飞的军队里有多少个军营，每个军营分配了多少个士兵？

100. 唐僧扫高塔

唐僧来到一座佛塔拜佛，他看到塔梯很脏，于是他便扫起塔梯来，这座佛塔共有*9层*塔梯。

塔层越往上，梯级数按一定的数目依次递减。到了第*9层*塔梯，

梯级数为第 *1* 层的 *1/2*。唐僧已经知道 *9* 层塔梯共有 *108* 级。唐僧忘了数各层的梯级数，他只好自己算了起来。

　　亲爱的读者，你算出来了吗？

101. 原有多少斗酒

　　武松受朋友之托去收拾恶棍蒋门神。他要求每过一个酒店朋友就要请他喝酒。武松出门带了一个酒缸，看到一个酒店，于是就把酒缸中的酒加了 *1* 倍，然后喝下一斗酒。他连续遇到酒店加 *1* 倍的情况反复了 *3* 次之后。酒缸里的酒喝完了。

　　武松是个粗人，他不知道自己酒缸原有多少酒。

　　你帮帮武松吧。

102. 关羽和张飞何时回来

　　刘备、关羽、张飞、赵云又要带兵打仗了。他们都是 *1* 月 *1* 日同时出征的，各自带着军队开赴不同的战线。他们约定在下次四个人都回来的那一天聚会。刘备每隔 *16* 个星期回来一次，关羽每隔 *12* 个星期回来一次，张飞每隔 *8* 个星期回来一次，赵云每隔 *4* 个星期回来一次。

　　张飞想马上就知道下次聚会的准确时间。

　　你快告诉他吧。

103. 阿里巴巴的酒量

　　阿里巴巴非常喜欢喝酒，尤其喜欢喝啤酒。阿里巴巴喝 *100* 多瓶啤酒都不会醉。有一次，阿里巴巴做成了一笔大生意，赚了很多钱，他决定好好犒劳自己，接着他就到酒店里喝酒。阿里巴巴一口气喝了96 瓶啤酒。这时酒店经理告诉他，6 个空酒瓶可以换 1 瓶啤酒。他非常精明，一下了就算出了他这 96 个空酒瓶能换多少瓶啤酒。

亲爱的读者，你能够算出来吗？

104. 嫦娥升天要几天

嫦娥偷偷下凡的事情，让天上的王母娘娘知道了。于是王母娘娘不准嫦娥再回到天上的月宫，除非是自己爬天绳爬到天上。嫦娥住不惯人间，没办法，她只好努力地爬高达 3000 丈的天绳了。嫦娥白天视力比较好，每天能够向上爬 300 丈，但晚上她看不见，为了安全她只得下滑 200 丈。嫦娥有点灰心，她不知道自己多少天才能重新爬回天上去。

亲爱的读者，你帮帮嫦娥吧！

105. 张飞卖肉亏多少

张飞年轻的时候是一个卖肉的。他为人豪爽，有些时候做事不精细。有一次，有个人来他的肉铺里要买牛肉和羊肉。那个人一共买了 28 斤肉，其中牛肉是 3 两银子 1 斤，羊肉是 5 两银子 1 斤。但是结账的时候，张飞错把牛肉当成 5 两银子 1 斤了，把羊肉当成 2 两银子 1 斤了，最后那个人一共付了 100 两银子。张飞不知道自己亏了还是赚了。

亲爱的读者，你帮张飞算算吧。

106. 孔子智算冠军

　　春秋时期，各路诸侯争霸中原，战争时常爆发。有一个诸侯建议其他诸侯，不要打混战，一个对打一个，这样比拼才能比出霸主。其他诸侯都同意。于是这个诸侯就请教大学问家孔子："照这样比拼下去，要比拼多少场才能决出冠军？"孔子得知总共有 24 路诸侯参加比拼，他掐指一算就得出了答案。

　　你也来算一算吧！

107. 阿凡提养骆驼

　　阿凡提养骆驼是养出了名的，他养的骆驼寿命特别长，很多人都来买他的骆驼。有一次，一个大商人也慕名来买阿凡提养的骆驼。这个大商人自以为有很多钱，瞧不起阿凡提。于是阿凡提便决定难为他一下。阿凡提告诉大商人："我目前养了 15 头大骆驼，其中有 23 个驼峰，60 只脚，请问有多少只单峰驼和双峰驼呢？

　　这个大商人可没有阿凡提聪明，最后还是阿凡提告诉他答案的。

108. 诸葛亮算曹兵

　　赤壁之战，曹操被孙权和刘备打得大败。曹操来不及收拾残兵败将，就带着他的贴身部队夺路从华容道逃走。刘备的军师诸葛亮早料到曹操会从华容道逃跑，便领兵追了上来。诸葛亮抓住了曹操的一个厨子，于是便问厨子曹操手下还有多少人。厨子不敢泄露，只得耍滑说："曹兵昨天晚上吃了鸡、鸭、鱼总共 *130* 只，两个士兵吃 *1* 条鱼，*3* 个士兵吃 *1* 只鸡，*4* 个士兵吃 *1* 只鸭，这样正好够吃，谁也没挨饿。"

诸葛亮知道曹操的兵力后，大笑，下令追击。

你知道诸葛亮算出曹兵有多少吗？

109. 孙膑与庞涓的智商

战国时期，有两个年轻人共同拜大学问家鬼谷子为师，这两个年轻人叫孙膑、庞涓。有一次，鬼谷子为了测试他们两个人的智商，便出了一道题目考他们：4 个 *1* 组成的最大的数字是多少？"庞涓笑道："很简单，是 *1111*。"孙膑边大笑："不是 *1111*，是另外一个数。"鬼谷子笑着问孙膑是多少。孙膑说："是 *1111* 的 *2.5* 亿倍还要多的那个数。"鬼谷子笑着对庞涓说："孙膑说对了，现在你该知道了吧！"

但庞涓还坚持是 *1111*。

你算出来了没有？

110. 不留脚印的凶手

九月初的一个早晨，在海水浴的沙滩上，发现了一名年轻男子的尸体。

他是被人用刀子刺入腹部后立即死亡的，而那把刀子就掉在尸体旁边。此时距离死亡的时间大约过了四个小时。

在那平坦而广阔的沙滩上，现场除了被害者的足迹，再也没有另外的脚印了。而且，看起来也不像是凶手用扫帚将自己的足迹扫掉以后再逃走，或是踩着被害者的脚印离开的。当然，更不可能是坐直升飞机逃走的。

那么，凶手到底是用什么方法，在将被害者杀死后，在不留下脚印的情形下离开这片广阔的沙滩呢?

111. 杜甫买鹅

唐代大诗人杜甫一生穷困潦倒。他住在成都草堂的时候,靠养鹅为生。杜甫赚了一点钱,又买了 100 只鹅,花去了 100 两银子。邻居来问他公鹅、母鹅及小鹅各有多少。杜甫说:"公鹅是 5 两银子 1 只,母鹅是 3 两银子 1 只,小鹅是 1 两银子 3 只,你帮我算一算公鹅、母鹅及小鹅各有多少只?"

邻居为难了起来。

你知道大诗人杜甫买了公鹅、母鹅、小鹅各多少只吗?

112. 东施脸上的痣

古代有一个有名的丑女,名字叫东施。东施认为自己长得丑,便每天都要到河边去照镜子。有一次,她照镜子的时候,发现脸上长了许多痣,她大吃一惊。东施一心想知道自己脸上到底长了多少颗痣,于是她就到河边去看自己的倒影。河神故意把水搅浑了,东施只好问河神她脸上的痣。河神说:"你脸上的痣,3 颗一数,正好数完;5 颗一数,余 3 颗;7 颗一数,也余 3 颗。你不会这个也算不出来吧?"

东施一算,得出的结果吓得她昏倒了。

这个题目,你敢不敢算?

113. 杨贵妃的浴池水

唐代大美人杨贵妃每次洗澡都要把大浴池里的水放完,然后放活水进大浴池。有一次,有一个女仆得罪了杨贵妃,杨贵妃决定惩罚她。杨贵妃要女仆用 *1* 个小时放完一半的池水,女仆做到了;杨贵妃又要女仆用 *20* 分钟放完剩下池水的 *1/2*,女仆也做到了;杨贵妃又要女仆用 *20* 分钟放完此时剩下池水的 *1/3*,女仆又做到了。杨贵妃最后又要求女仆用 *20* 分钟放完这时剩下池水的 *1/4*,这时池水还有 *9* 吨。杨贵妃无计可施,就问这个浴池本来有多少吨水,女仆是个聪明的人,她一下子就算出来了。

你也来试试吧。

114. 曹操数兵器

曹操从小就喜欢耍棍弄枪,他的头脑也很机灵。有一次,他看到一些人在大路上比武,他就跑过去看。有一个人对曹操说:"小孩,你看我们比武要给钱的,但是你只要看管好我们的兵器,我们就不收你的钱。"曹操答应了。他来到了堆放武器的地方,发现有一堆铁棒整齐规矩地堆放在一起。曹操数了数,铁棒堆成了一个梯形,最上层有 *4* 根,最下层有 *8* 根,总共堆了 *5* 层。曹操心里默默一算,就算出有多少根铁棒了。

你知道铁棒有多少根吗?

115. 成吉思汗测试士兵

古代蒙古族的大英雄成吉思汗想征伐中原,于是他就来到阵营里测试士兵的武艺。第一次测试,成吉思汗给 *70%* 的士兵打了 *80* 分以上;第二次测试时这个比例上升到 *75%*,第三次是 *85%*,第四次则达到 *90%*。成吉思汗问大军副统帅,在这四次测试中都上了 *80* 分的士兵的比例至少是多少?

副统帅打仗是行家，但算数却不行了。

你算一算吧！

116. 骆宾王养鹅

唐代大诗人骆宾王喜欢鹅，他小时候自己养了一些鹅。小骆宾王养了 E 只鹅，他计划在一天内喂它们吃 F 条蚯蚓。如果每只鹅吃了 G 条蚯蚓，就多吃了 12 条；如果每只鹅吃 16 条蚯蚓，那么就会少吃 7 条。骆宾王问他爷爷："爷爷，你算算，我养了多少只鹅，每只鹅每天吃几条蚯蚓？"

骆宾王的爷爷当然比骆宾王聪明了，他很快就说出了答案。

你算得出来吗？

117. 刘邦和项羽划分地盘

刘邦和项羽将汉中地盘制成了一个边长为 1 米的正方形模块。项羽在刘邦面前十分霸道，他拿起小刀就划去了正方形的 1/3。刘邦也不示弱，拿起小刀划去了剩下的 1/2。项羽接着又划去了剩下的 1/3。刘邦赶忙划去剩下的 1/2。他们分别划了 2 次以后，都在计算各自的面积。

请问，谁划去的面积大？

118. 李白写了多少诗

唐代著名诗人李白有一年写了 2250 首诗。他对他的好朋友杜甫说："我每隔 *18* 个月会在 *2250* 首诗的基础上翻 *1* 倍，你知道我一年半后能写多少首诗吗？"

杜甫也是唐代著名诗人，他非常了解李白的创作速度，并瞬间就算出李白在一年半后写了多少首诗。

你写过诗吗？那么不妨也来算算。

119. 诸葛亮考刘备

刘备三顾茅庐请出了诸葛亮。诸葛亮在下山的时候突然想考考刘备。刘备愿意回答诸葛亮的问题。于是诸葛亮左手和右手分别握着 *2* 两银子和 *5* 两银子叫刘备猜。刘备也是一个聪明的人，他让诸葛亮把左手的银两数乘以 *2*，右手的银两数乘以 *5*，并把所得的两个积加起来，只要告诉自己奇、偶数就行了。

诸葛亮赞赏了刘备的智慧。

你能猜出来吗？

120. 李白和杜甫比报数

著名诗人李白、杜甫、白居易又在一起喝酒吟诗了。白居易的才气没有李白、杜甫两个人厉害，他不想跟他们比吟诗。于是他对李白、杜甫说："你们作诗是不相上下的，不如玩一道数学游戏吧，这样才能见输赢。"李白、杜甫说好。自居易的题目是李白和杜甫轮流报数，每人每次只能报 *1* 个或 *2* 个数。从 *1* 开始，依次递增，谁先报到 *30*，谁就胜利。李白想胜过杜甫，他应该用什么方法呢？

121. 韩信巧算面积

西汉的开国勋臣韩信在当将军之前，一直没有得到重用，很多人都瞧不起他。有一个市井无赖拦住韩信要侮辱他。那个无赖拿出一个长方形木块，对韩信说："这个长方形的周长为 *24* 分米。如果它的长和宽各增加 *3* 分米，得到的新长方形比原长方形的面积大多少平方分米？"

韩信算出来后，那个无赖甘拜下风。

122. 乾隆皇帝的卫士

清朝乾隆皇帝有 *3* 个密室，密室放着他的宝贝，他派了 *18* 个武艺高强的卫士守护。到了晚上，乾隆皇帝命令手下卫士轮流守护 *3* 个密室。他调出第一密室一半的人数去守护第二密室，第二密室 *1/3* 的人数去守护第三密室，天亮前，又将第三密室 *1/4* 的人数调到第一密室，这时 *3* 个密室的卫士数量相等。

请问，晚上 *3* 个密室各有多少个卫士守护？

123. 岳飞杀敌多少名

南宋抗金名将岳飞和金军元帅兀术对峙朱仙镇。刚开战两天，岳飞单枪匹马冲到金军大营中杀死了很多金军将领。岳飞安全回到自己的军营。这时，金军元帅兀术来挑战岳飞，岳飞来战兀术。兀术对岳飞说："你今天杀了我多少大将？"岳飞笑着说："今天杀的比昨天的多。这两天杀的将领之和，再加上这两天所杀将领的积，所得的和是 *34*。

你知道我今天杀了你多少大将吗?"

金军元帅兀术算不出来。最后还是岳飞告诉了他答案。

124. 各带多少支箭

刘备、关羽、张飞3个人都没有打败吕布,他们觉得很没有面子。于是他们就跑到森林里打猎。他们带了数目相同的铁箭去打猎。3个人每人打死了2只野雁、1只狼和1只熊,而且都是一枝铁箭打死一只猎物。现在3人剩下的箭的总数,恰好是3人出来时,一个人带的箭的数目。

你知道他们3人出发时各带了多少支箭吗?

125. 阿里巴巴是赚还是亏

阿里巴巴手头里有一批花布要卖出去。恰好有一个阿拉伯商人想要买一批花布,于是他们两个人就讨价还价了起来。阿里巴巴出价500元。但是那个阿拉伯商人觉得贵了。阿里巴巴心里暗自算了一下,便对那个商人说:"要不这样吧!我剪1尺布,你付我1角钱;剪第2尺,你付2角;剪第3尺,你付4角;剪第4尺,你付8角,以次类推。"那个商人觉得很合算,就答应了。阿里巴巴一共卖了16尺花布,你知道那个商人付了多少钱吗?

126. 高斯节省木料

大数学家高斯小时候家里很穷。有一次他家里的桌椅坏了,但是他家里请不起木匠师傅来修。于是，高斯自己找来一根长254.5厘米的木料来修桌椅。他算了一下，如果每修一张桌子要用43厘米长的木料1段，修一把椅子要用37厘米长的木料1段，每截1段要损耗5毫米的木料。他用了一个最节省木料的方法，那就是他把这棍木料锯成修桌子和椅子所必需的木料根数。

请问，高斯修桌子和椅子各锯了多少根木料？

127. 司马懿假装不知数

三国时期，魏国的曹爽和司马懿暗地里争权夺势，谁也不让谁。司马懿年纪很大了，于是他就在曹爽面前装疯卖傻起来。有一次，曹爽假装到司马懿家里去看望司马懿。曹爽告诉司马懿："我和你一样，也有两个儿子。"司马懿问曹爽："你小儿子多少岁了？"曹爽说："18岁。"司马懿假装说："33了！"接着又问："你大儿子呢？"曹爽说："24岁了。"司马懿又假装说："44岁！"曹爽说："我30岁了。"如果司马懿按前两次的说法，他会把30岁说成多少岁？

128. 大力水手波勃排列面包

大力水手波勃小时候喜欢吃面包。有一次，他妈妈买了一些面包回来，波勃就要抢着吃。他妈妈拦住他，说："我先考考你，你回答出来，我才让你吃。"波勃眨了眨眼睛答应了。他妈妈说："如果要把10个面包排成一排，其中每个面包隔2个面包可以移到第3个面包那里去。那么，你要怎样去排列，才能使10个面包分成等距离的5堆，而每堆有2个面包呢？"

你帮波勃算一算，排一排吧！

80

129. 祖冲之算菱形边长

数学家祖冲之成功地将圆周率推算到小数点后 7 位，很多年轻人都慕名跟他学数学。有个年轻人自以为数学学得比祖冲之还要好，他出了一道题目来考祖冲之：有一个圆，直径为 10 米，圆里面有一个内接圆的长方形，如果依次连接长方形四条边的中心，那么连出来的图形就是菱形，问这个菱形的边长是多少？

祖冲之闭着眼睛就把答案写在了纸上。

你不妨也试一试。

130. 数学家死于哪一年

小东东和小西西一起看一本介绍一位伟大的数学家的书。这位数学家生于 19 世纪，也死于 19 世纪。小东东他们已知这位数学家出生和去世的年份都是由 4 个相同的数字组成的，但数字的位置却不同。这位数学家的出生之年，4 个数字的和为 14，他去世的那一年的年份中十位数是个位数的 4 倍。小东东和小西西算不出数学家死于哪一年。

你算出来了吗？

131. 李逵借斧头

梁山泊英雄李逵打仗的时候使用的兵器是斧头。有一次，他因为喝了太多的酒，把插在腰间的斧头都给丢了。于是他就去跟鲁智深借斧头。鲁智深打造了很多斧头，有大斧头和小斧头。鲁智深对李逵说："我这里有一些大斧头和小斧头。小斧头的数量是大斧头的 2 倍，假如我从这些斧头里每次取 4 把小斧头,再取 3 把大斧头,这样取下去,等大斧头取完了,小斧还有 16 把。你算算大小斧头各有多少把?"

132. 小西西买大西瓜

小西西对小东东说:"你想不想吃大西瓜?你想不想吃巧克力?"小东东笑道说:"我早就买了,瞧,在这里。我买了 8 颗巧克力和 1 个大西瓜,一共用掉了 15 元钱,这 8 颗巧克力每颗的价钱都是相同的,如果 2 颗巧克力的钱加起来,再加上 10 元钱,就是那个大西瓜的钱了,你知道巧克力和西瓜的单价分别是多少钱吗?"

133. 关羽和张飞赛跑

张飞老是想和关羽一较高低,于是他们举行了一场骑马比赛,赛程是从汉中骑到汉东,然后再从汉东骑回汉中。关羽从汉中到汉东的时候是顺风,所以速度是每小时 20 公里。关羽从汉东到汉中的时候是逆风,所以速度是每小时 15 公里,来的时候比去的时候少花 5 个小时。于是关羽问张飞:"你知道从汉中到汉东的路程是多少吗?"

张飞说:"我不知道,你气死我了!"

你知不知道呢?

134. 唐老鸭发明新自行车

唐老鸭好久没有出门和它的朋友玩了,原来它是在家里搞发明创造，它发明了一种新自行车。米老鼠消息最灵通，它跑到唐老鸭家里先睹为快。唐老鸭对米老鼠说："我们用这种新自行车比赛吧！"米老鼠说："怎么比？"唐老鸭说："从我家到你家总共是 24 千米，就比往返谁最快。"唐老鸭的时速为 20 千米；米老鼠的时速为 16 千米，返回的时候为 24 千米每小时。这样，谁将胜利？你知道吗？

135. 孔子卖书

大教育家孔子写了很多书，印刷成大小两种开本。孔子的学生交不起学费。孔子最爱搞教育，他就拿着自己的书去卖。糟糕的是，他写的书不好卖，实在没办法，他只好降价卖书了。有一个年纪和他一样大的人来买他的书，这个人问孔子："你的书怎么卖？"孔子赶忙说道："4 本大书和 3 本小书一共只要 15 元，如果买 3 本大书和 4 本小书的话，只要 13 元。你算算大本书和小本书各是多少钱一本吧？"

那个人很快算了出来，并且买走了 4 本书。

136. 小东东坐火车

小东东全家外出旅游，乘坐的是一列大火车。这列火车的速度为每小时 45 公里。他看着窗外的风景，突然看见迎面开来一列速度为每小时 36 公里的火车。小东东计时得知，这列火车从头到尾完全开过去，只用了 8 秒钟。

请问，这列迎面而来的火车，长多少米？

137. 小猫乐米乐折馅饼

小猫乐米乐买了一个大馅饼。这个大馅饼花了它一天的零花钱，它舍不得一下子就吃完。乐米乐在想是不是把大馅饼折起来吃会更加好吃呢。于是它就折了起来。它想把馅饼折成相等的两份，可是第一次折，第一段比第二段长了 1 厘米，第二次折，第二段又比第一段短了 1 厘米。现在请问你留在馅饼上的两条折痕之间的距离是多少厘米？

138. 小数学家和大数学家的较量

大数学家碰到了小数学家，小数学家名气没有大数学家大，但是他不服大数学家比他聪明。于是大数学家就出了一个题目要小数学家回答："我给你 1、2、3 三个数字，你知道这三个数字组成的最大数字是什么吗？"

小数学家马上接口："不就是 321 吗，太简单了。"大数学家却说他错了。

你知道正确答案吗？

139. 赵子龙和曹兵交战

三国时期，蜀国大将赵子龙武艺高强，未逢对手。有一次，他单枪匹马杀人曹军大营。有 1 个曹兵联合 8 个曹兵来围攻赵子龙，但打不过赵子龙。于是，每个士兵回军营各找来 8 个士兵来围攻，还是打不过；每个士兵又回军营各自找来 8 个士兵，仍然不行；最后，每个士兵又各找来 8 个士兵，这样才打了个平手。

你知道，赵子龙和多少个曹兵交战吗？

140. 李逵打猎

李逵喜欢打猎，他打了一些野鸡和一些野兔。他把野鸡和野兔混装进两个笼子就往家里赶。他左手提着的那个笼子里的野鸡和野兔共有 8 个头和 22 只脚，他右手提着的那个笼子里的野鸡和野兔共有 7 个头和 22 只脚。

你算算每笼各有多少只野鸡和野兔？

141. 诸葛亮借兵器

大军事家诸葛亮打了很多胜仗，曹操非常惧怕他。有一次，曹操打造了一批十分锋利的兵器，假装要送给诸葛亮。诸葛亮得知那批兵器里面有刀、枪、剑共 20 把，他想让他的将领换上这批兵器，于是就去借曹操的兵器。曹操笑着说："这好办，我有一个题目，刀数多于枪数的 7 倍，少于剑数的 8 倍。你算算刀、剑、枪各有多少？"

诸葛亮马上就算出来了，曹操不得不借给诸葛亮兵器。

142. 小东东数骆驼

小东东到动物园去看大象、单峰骆驼、双峰骆驼。小东东数了数这些动物的头、脚、驼峰，他发现大象、单峰骆驼、双峰骆驼有 24 个头，60 只脚，23 个驼峰。动物园的管理员问小东东："大象、单峰骆驼、双峰骆驼的数量各有多少？"

你知道吗？

143. 阿里巴巴开餐馆

阿里巴巴觉得开餐馆能赚大钱，于是他就开了一个名叫"麦肯烧鸡"的餐馆，他这个餐馆专门卖烧鸡。开业第一天，他对吃烧鸡的人特别留意：有 9 个人用醋，11 个人用酱油，而两样都用的人数是什么都不用的人数的 3 倍，什么都不用的人不止 1 个。

你知道有多少人吃烧鸡吗？

144. 刘备奖励多少人

蜀国打了胜仗，刘备要奖赏有功将士。他取出了 38 块金牌，关羽、张飞、赵云各得了 1 块，剩余 35 块金牌奖给其他将士。刘备原计划给大将发 6 块金牌，中将发 3 块金牌，上将发 2 块金牌。后来为了重奖大将，于是改为给大将发 13 块金牌，中将发 4 块金牌，上将发 1 块金牌。

刘备问军师诸葛亮："大将、中将、上将各有多少人？"

你知道吗？

145. 杨志卖了多少把刀

梁山泊英雄杨志没钱了，他只好推着一车的大刀去卖。有一个青年、一个中年人、一个老年人来买杨志的刀。青年人买了整车刀的一半零 7 把，中年人买剩下的一半零 7 把，老年人又买了剩下的一半零 7 把。这时，刀刚好卖完。

你能算出杨志原来车上有多少把刀吗？

146. 武松、李逵、林冲喝酒分肉

梁山泊好汉武松、李逵、林冲又相会了，于是他们决定喝酒。他们买了酒又买了一些牛肉。他们把酒喝完,都醉了,牛肉一块都没有吃。武松第一个醒来，他把牛肉分成 3 份，剩下一块他一口吃了，拿走了 1 份，又把剩下的 2 份堆在了一起。李逵第二个醒来，林冲第三个醒来，他们都像前面那个人那样分牛肉。

请问，原来有多少块牛肉？

147. 曹操的试题如何算

曹操年纪大了,他决定在他最宠爱的儿子中选一个继承他的职位。他筛选出了曹丕和曹植。曹操最宠爱他们俩个人了，他不知道选哪一个好。于是他出了一个题目：曹丕和曹植比射箭，各自射 40 支箭。曹丕觉得自己射得快，就从曹植那里拿来 5 支。不料曹植越射越快，他反而从曹丕那里拿来 10 支，最后全部射完。

曹操问曹植："你比曹丕多射了多少支？"

曹植很快回答了。

148. 阿凡提占阿里巴巴的便宜

阿凡提碰到了阿里巴巴，他想占阿里巴巴的便宜。他们俩个人一共掏出了 64 元钱，阿凡提和阿里巴巴钱数不相等。阿凡提拿出和阿里巴巴一样多的钱放到阿里巴巴的口袋；阿里巴巴拿出和阿凡提一样多的钱放到对方口袋。阿凡提和阿里巴巴就这样经手多次，最后两个人口袋里钱一样多。阿凡提这时后悔了，因为他少了钱。

你知道他们原来各有多少钱吗？

149. 唐老鸭减肥后有多重

唐老鸭、米老鼠、小狗史努比一个月不见都长胖了，而且胖得很厉害。它们在秤上称了体重，唐老鸭和史努比一共是 188.6 斤；唐老鸭和米老鼠一共是 182.4 斤；史努比和米老鼠一共是 184.2 斤。

请问，它们各自有多重？

150. 小熊威克多喂鸡

小熊威克多喜欢吃鸡蛋，它首先养了 37 只母鸡。它用 37 公斤的米喂给 37 只母鸡吃了 37 天。后来它又买了 36 只母鸡，总共 73 只母鸡。这 73 只母鸡 73 天生了 73 公斤蛋。小熊威克多比较笨，它不知道生 1 公斤蛋要喂多少公斤米。

你知道吗？

151. 吃黄鱼

从前，有个皇帝，吃尽山珍海味，还是龙体不佳。一天皇帝召见众大臣和御医，商讨治疗办法。大家认为：渔夫身体强壮，这与多吃鱼虾有关，而黄鱼最可口，最能滋补身体。有个大臣抢先启奏道："万岁，鱼头是黄鱼之首，万岁是万民之首。陛下应多吃黄鱼头。"

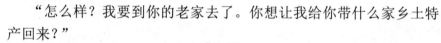

第二个大臣说："鱼身最有营养，请万岁多吃鱼身。"第三个大臣说："鱼膘在鱼肚之中，蕴集全身精气，补益胜过鱼头、鱼身，味道又别具一格。"第四个大臣说："鱼尾是活肉，锐气最盛，鱼儿在水中运动，全靠尾巴摆动。常吃鱼尾，一定精气得补，元气旺盛，保证龙体安康。"大家争执不休，最后决定找个渔翁问个明白。

禁卫军带来一个老渔翁，4个大臣分头找他，都说只要帮助自己说话，事成之后，一定给他一条渔船，渔翁一一答应了。

究竟吃什么好呢？你知道渔翁是怎样回答的吗？

152.脱身妙计

有个商人买了一只印度鸟。这天，商人要去印度办货，临走前，他跟笼中的鸟儿开玩笑地说：

"怎么样？我要到你的老家去了。你想让我给你带什么家乡土特产回来？"

"土特产对我并不重要，我只希望你现在把我放了。"印度鸟说。

"那不行！我是花钱把你买来的，怎么能放你呢？"

"那——"印度鸟低头想了想说，"请你到我的老家——森林里，带个口信给我的亲朋好友吧，就说我被关在笼子里，没有自由，很苦恼。"

商人点点头，出发了。

到了印度，商人办完事以后，真的来到森林里，找到那只笼中鸟的同类，传了口信。

一只鸟儿听了以后，"扑棱"一声从树上掉了下来，一动不动了。商人一呆：想不到鸟儿也像人一样，这么重感情啊！商人回到家里，印度鸟一见他就问："主人呀，我的口信你带到了没有？"

"带到了。"商人回答，"不过太令人感动了，你的那个同类一听说你被关在笼子里，不像它们一样自由自在，难受得从树上摔下来，死了。"

笼中鸟听了以后十分难过。后来，它想了一个办法，居然使主人放了它。

试问，它想的什么办法？

153. 没被晒黑

梅华逃出森林后，借了一辆半新不旧的敞篷汽车，沿8号高速公路向南飞驶。这条公路横穿一望无垠的荒野，为南北走向。

整个上午天气阴沉沉的，可一过中午，天空变得万里无云，骄阳似火。不巧，车篷已经坏了，她又没带帽子和防晒霜，这样会被晒黑的。

正在为难之际，她忽然想出了一个好办法。这样，直到傍晚到达目的地时，梅华竟一点儿也没被晒着。

试问，梅华到底是怎样防晒的呢？

154. 歌手之死

某日清晨，漂亮的歌手丽莎死在自己的公寓里。最先发现尸体的是她的经纪人。

经纪人去丽莎家，见她房门没上锁，心想她太粗心了，便走进房间里，却不见丽莎人影。只有卫生间的门是从里面锁着的，打不开。经纪人一看，门缝底下流出一摊紫红色的东西，啊！血！已凝固了的血！

经纪人马上叫来公寓管理员，一起撞开卫生间的门，见丽莎穿着睡衣坐在坐便器上，已经死了。她是被匕首状的凶器刺中了背部。看起来像是在卧室遭到袭击后逃进卫生间，从里面锁上门，以防凶手追击时断气的。警察勘查了现场，但未发现任何关于凶手线索的证据。搜查陷入了困境。

事后，江户警部赶巧碰上了团侦探，将搜查中遇到的难题向团侦探诉了一番苦。

"要是这样的话，请带我去看看现场。我还是她的热心听众呢，对这个案子也挺感兴趣。"团侦探说道。

"就算你这位名侦探亲临现场，我看也未见得能发现什么。"警部虽不抱太大的希望，还是带他去了现场。

团侦探很感兴趣地查看了被害人死去的卫生间。

几分钟以后，他走出卫生间说："警部，凶手是个名为大写字母 A · K 开头的人。"

一语道破，使警部大吃一惊。

试问，团侦探是从哪儿发现凶手名字缩写字头的呢？

155. 选美大赛

美国某院校选美大赛已接近尾声。经过几轮的角逐，只剩下四位佳丽参加最后一轮的智力比赛。风度翩翩的主持人手持话筒发话了："下面 4 位小姐将为我们串起一个故事。我们给出的故事引句是：'今晚的月光很好……'"

A 小姐接过话筒，信口而来："演出结束后，我独自一人走在回家的路上，忽然身后传来一声枪响……"

话筒传到 B 小姐手上，她接着道："我慌忙回顾，看到一个警察在追一个持枪的歹徒……"

轮到 C 小姐了："经过搏斗，警察终于制服了歹徒。"

故事讲到这里，似乎已无话可说，可话筒此刻已递到了 D 小姐手中。该怎样串下去，才能使故事的结局新颖而巧妙呢？D 小姐灵机一动，突然想出了一个很好的结局，最后获得本次大赛的冠军。

试问，D 小姐是怎样说的呢？

156. 盗画人

"不好了，我的名画被盗了。抓小偷呀！"随着一阵狂叫，萨勒小姐披头散发地从浴室冲了出来。

这时，刚巧名侦探哈莱金来访。萨勒小姐对哈莱金说："我刚才在淋热水浴，门窗关得紧紧的。正当我穿上浴衣时，门被撞开了。我吓呆了，只从镜子里看到一张肥大通红的脸和张着的嘴，嘴里仅有几颗牙，我以为他要杀我，可是他只冲我笑了笑。转眼他又将门用力关上。我费了一两分钟的时间才将门打开。等我走出浴室，发现墙上的一幅毕加索的画不见了……"

哈莱金将萨勒小姐扶到沙发上，直视着她说："小姐，你为什么要说谎呢？如果你需要钱，干吗不把那幅画卖了？或许你是想等到领取了保险金后，再和你的同伙卖掉它吧？"

萨勒小姐听罢，立即像泄了气的皮球。

试问，哈莱金为什么这样说呢？

157. 水上鞋

村里有个十分聪明的人，名叫智多。国王听说后，把他弄到宫里当仆人。

7月的一天，国王和王后在智多的陪同下一起到湖上划船游玩。王后突发奇想，说："如果我能有一双水鞋，穿上它在湖面上玩耍，那该多好哇！"国王转过身，对智多说："听见了没有，你能办到吗？"

智多想了想，说："陛下，我可以做这种鞋，但您必须给我时间。"国王非常高兴，说："如果你真能做出这种鞋，我就奖赏你一双金鞋。"

"好，咱们一言为定。"智多说，"不过，这鞋要等到半年后才能做好。"智多回来后，找好布料，整整用了半年时间，做好了一双普通布鞋。智多把布鞋送到宫里，说："请王后穿上，到湖面上走一走吧。"

王后穿上这鞋，果真在湖面上行走起来。国王直夸智多聪明伶俐，真的奖赏智多一双金鞋。

试问，智多做的普通的布鞋为什么能在湖上行走呢？

158. 取回金币

从前，有一个双目失明的乞丐。他走遍庙会集市，为善良的人们唱歌解闷，换来一个个铜板。日积月累，他怀里共攒了 100 枚金币。金币很重，带在身上既不方便又不安全，乞丐又没有家，于是他就悄悄把金币埋在一棵老树底下。可怜的乞丐以为没人知道这个秘密，谁知已经被一个正在附近除草的农民看见了。

"那个乞丐在树底下搞什么名堂？"这个农民在琢磨。等乞丐一走开，他便走到老树跟前挖了起来。不一会儿就发现了金币。他惊叫一声，拿着金币就回家了。

过了一段时间，那个乞丐需要钱花，便跑到那棵熟悉的树下来取钱，糟糕，那笔财产没有了。乞丐想，准是有人看见我来藏钱，把钱偷走了。"唉，我这个不幸的人呐！现在该怎么办呢？"这个可怜的乞丐哭了一阵之后，突然想到了个办法，把金币全要了回来。

试问，他想的是什么办法呢？

159. 怎样离岛

一个炎热的夏天。一艘货轮正行驶在广阔的海面上。突然，特大的风暴像凶猛的野兽一样扑来，平静的海面顿时巨浪滔天，货轮很快被打沉,船员葬身海底。只有杰克一个人,与风浪搏斗了不知多少天,最后漂流到一个小岛上。一登上小岛,杰克便昏厥了过去。等他苏醒时,风小了,浪也变得轻柔了。他感到又饿又渴,便四处寻觅。但杰克走遍小岛,没找到一口可吃的东西。最后找到一处小泉,他便蹲下身子,咕咚咕咚喝了个够,好像他从没有喝过这么甜的水。泉水唤起了他的精神,但饥饿仍在威胁着他。

"难道我将困死在这里吗?"杰克想,"有什么办法离开这个孤岛呢?"

远处有一艘船驶过。杰克满怀希望地冲向岸边,挥动双手,高声叫喊。但是由于太远,杰克没有被发现。过了一会儿,又有桅杆在天水相连的地方移动,杰克又扯起嗓子呼救。结果,杰克的嗓子喊哑了,桅杆也慢慢消失了。海上不断地有船只来往,然而杰克始终没有办法使他们发现自己。后来,杰克终于想了一个办法,使经过的船只发现了他。

试问,他想的什么办法呢?

160. 保险柜密码

亿万富翁 B 夫人,也许是上了年纪的缘故,近来非常健忘。她常常为忘了存放贵重宝石的保险柜的密码而困惑。最终她想出了一个办法,以便在忘记密码时马上能记起。

某日,B 夫人外出短途旅行。回家一看,不禁大吃一惊,保险柜门开了,里面空空如也。宝石全部被盗,只留给她一张字条。上面写道:

"谢谢你的宝石。保险柜的密码应用更安全的方法记下来才是。"

试问,B 夫人将保险柜的密码记在哪儿了呢?

161. 禁闭在何处

一个谍报员来到夏威夷度假。这天，他在下榻的宾馆洗澡，足足泡了 20 分钟，才拔掉澡盆的塞子。盆里的水位下降，在排水口处形成漩涡。漂浮在水面上的两根头发，在漩涡里好像钟表的两根指针一样，由左向右旋转着被吸进下水道里。

从浴室出来，他边用浴巾擦身，边喝着服务员送来的香槟酒，突然感到一阵头晕，随之就困倦起来。这时他发现香槟酒里放了麻醉药，但为时已晚。很快，他失去了知觉。

不知睡了多长时间，他猛地清醒过来，发觉自己被换上了睡衣躺在床上。床铺和房间也完全变了样子。他从床上跳下来找自己的衣服，也没找到，只有一件肥大的新睡衣挂在椅背上。

"我这是在哪里呀？"

写字台上放着一张纸，上面写着："我们的一个工作人员在贵国被捕，想用你交换。现在正在交涉之中，不久就会得到答复的。望你耐心等待，不准走出房间。吃的、用的房间内一应俱全。"

他立刻思索起来。最近，本国情报总部的确秘密逮捕了几个敌方的间谍。其中与自己能对等交换的只有两个人，一个是加拿大的，另一个是新西兰的。那么，自己现在是在加拿大还是新西兰呢？

房间和浴室都没有窗户，温度及湿度是靠空调控制的。他甚至无法分辨是白天还是黑夜，真像置身于宇宙飞船的密封舱里一样。

饭后，他走进浴室，泡了好长时间，身体都泡得松软了。他拔掉塞子看着水位下降，见掉落的胸毛打着旋儿由右向左逆时针旋转着被吸进下水道。他突然嘀咕道："噢，明白了。"

你知道这个人被监禁在什么地方吗？

162. 肖像画

　　美国有个资本家请一位著名的画家为他画一幅肖像。肖像画好以后，资本家却拒绝交付原来议定的 *5000* 美元的报酬。资本家的理由是："画的根本不是我。"

　　怎么办呢？画家很不痛快，因为他确实花了不少精力才画成这幅画，而且肖像和资本家也确实很像。资本家说不像，只是一种无理地挑剔。画家左思右想，终于想出了一个办法，使资本家不得不以双倍的钱买下了这幅肖像画。

　　试问，画家想的是什么办法呢？

163. 三个难题

　　一休小和尚的声名远播四方后，有个将军听说了，很不以为然，说："小小年纪，阅历很浅，资格很嫩，有什么大不了的。"说着，便把地方官新右卫门叫到将军府来，嘱咐道："你明天将一休和他那班小和尚都叫来，我请他们吃饭，顺便请教请教他。"新右卫门便领命前去通知。

　　第二天，一休和师兄几个往将军府走去。走到一座桥，只见桥头竖着一根铁棍，棍上横着钉了一块木牌，上面写道："不准从两边通过。"

　　小和尚愣住了。一休从后边赶上，说："不必犹豫，跟我走就是。"说着躬着腰，从木板下面穿过，走过了桥。小兄弟们如法炮制。

　　将军和新右卫门几个人正等候在那里。

　　将军很不高兴地说："一休，你不长眼睛吗？木牌上明明写着不准你们通过！"

　　一休不慌不忙地说："那木牌上是说不准从桥两边通过。可我们是从木板下面、桥的中间走过来的呀。"

将军暗自想道："这小和尚真厉害呀！"便说："一休，你莫要得意，到我家再说。"

一到将军家，将军从墙上取下一把宝剑，说："一休，你不能靠近我，也不准你动手，须将我的剑从剑鞘里拔出来。"

一休不假思索地说："我当然能。不过，要请新右卫门先生检查一下宝剑，看看是不是能用手抽出来，如果抽不出来，我当然也抽不出来了。

"啊，你怀疑我的剑有诈，请新右卫门检查吧！"新右卫门毫不费力就把剑从鞘里拔出来了。"一休，看你还有什么话说？"将军得意地笑道：

"哈哈哈，我赢了。"一休笑道。

"什么？"将军惊疑地问。

"我一没靠近你，二没自己动手，已经委托新右卫门先生把剑从你的剑鞘里拔出来啦。"

将军不得不说："好吧，算你赢，用餐吧。"

每个小和尚分到一个双层糕点。一休刚吃了两口，将军便发难道："一休，你吃的双层糕，哪一层味道更好？答不出，就得饿着肚子回寺庙了。"

可一休立刻答了出来。

试问，一休是怎样回答的呢？

164. 不被淹死的秘方

某学者一生清贫，到了晚年更是凄凉。终于有一天，他揭不开锅了。

老伴说："你不再想点法子，咱们只好饿死啦。"

学者想了想，写了个招牌，挂在门外。上面写道："本城最渊博的学者，传授不被淹死的秘方。"

这儿是水乡，常听说有人被淹死。为了自己和孩子的安全，人们都去向他请教。学者说，由于这秘方无一失败，所以学费要贵些。

钱财事小，生命事大。众人慷慨解囊，还不停地说："再贵也要学呀。"

"太好了！"学者说，把满满的钱袋交给老伴，然后对大家说："明天上午，请各位准时来。"

这一夜，很多人激动得没有睡着。

第二天上午，学者换了一身笔挺的礼服，款步上台。台上放着砚台和笔。他说了一个秘方，使大家哭笑不得，但确实是非常正确的。

试问，他说的是什么秘方呢？

165. 买鹦鹉

在鸟市上，约翰被一只漂亮的鹦鹉迷住了。他想买下这只鹦鹉，摊主告诉他，这只鹦鹉已被一个顾客以500元的价格定下了。

"我出1000元。"约翰财大气粗。

"我出1500元。"人群中响起了一个不服气的声音。

"我出2000。"约翰铁了心要将鹦鹉买到手。

"我出2500。"还是那个不服气的声音。

"我出3000。"约翰倒要看看谁比他更阔。

最后，约翰胜利了，人群中再也没有声音响起。付钱以后，约翰忽然想起一件事。他担心地问摊主："这只鹦鹉会说话吗？"

"怎么不会？它说得同你一样好。"摊主说。

约翰把鹦鹉拿回家，鹦鹉讲话了。约翰一听，哭笑不得。

试问，这是什么道理呢？

166. 一条狗

一天，著名警官梅格雷在郊外办案时，看到一个长相凶恶的男人从一座房子的后门走出来，感到十分可疑，便大声说："喂，请等一下，看你鬼鬼祟祟的模样，是不是干了不光彩的事？"

那人一惊，回道："我是这房子的主人，你别胡说八道。"

这时一条狗从后面跑了出来，站在那人的脚边，虎视眈眈地瞧着梅格雷。

那人摸着狗的头说："玛丽是我们家的看门狗。别看它是条雌狗，可比雄狗还要凶。怎么样，你可以消除对我的怀疑了吧？"

这时，这条狗又对着梅格雷警官叫起来。那人喝道："玛丽，快闭嘴。"狗就乖乖地闭上嘴，跑到一旁抬起腿撒起尿来。

梅格雷警官一看，冷冷地瞧了瞧那人，说："喂，看来没错，你就是小偷。"说完，就逮捕了那个男人。

试问，梅格雷警官凭什么断定那人是小偷呢？

167. 智退海盗

从前，日本某村的村长带领着村民出海捕鱼，机灵的孩子彦一随队前往。他想到外边去多长点见识。

他们一行人搭乘的船进入海域。天亮时，他们发现了有只海盗船在追踪他们。船上的人顿时惊慌失措，就连村长也没有了主意："这可怎么办呢？我们手无寸铁，无论如何也对付不了蛮横的海盗，带的钱非被他们洗劫一空不可。"

只有彦一比较冷静，他说："你们快把钱都集中到我身上来，每人口袋里只留下一些零钱，一切都按我的办法来进行。"

彦一足智多谋，村民是知道的。在这危急的情况下，只好将希望寄托在他身上了。

后来，彦一真的使大家避免了一场劫难。

试问：彦一想的是什么办法呢？

168. 车灯

汤姆在一家报纸的广告里看到有卖一种眼下正时兴的漂亮自行车，每辆标价 *54.99* 英镑。他赶忙跑到那家做广告的商店，想看看样品。

售货员推出一辆来，汤姆仔细地观察了一番，然后对售货员说："广告里的自行车是有车灯的，可这辆车上却没有。"

售货员回答说："是的，先生。车灯是另加的，它不包括在自行车的价格里。"

汤姆生气了，嚷道："不包括在自行车的价格里，你们这样做太不诚实了，广告上既然有车灯，它就应该包含在车价里。"

但当售货员回答以后，汤姆也无话可说了。

试问，售货员是怎样回答的呢？

169. 一张野牛皮

在很久以前，欧洲某个王国被另一个国家灭了，国王、王后、王子都被侵略者杀死了，只有小公主蒂多带领一些武士突出重围，逃到了非洲的海岸。

海岸上居住着非洲的一个部落。部落酋长听说欧洲人要登陆，马上传令说："只许派一个人作为代表前来谈判，其他人不准登陆。"

蒂多公主带了一些金币登上海岸，拜访了酋长："请允许我们这些失去祖国的逃难人，在您神圣的领土上买一块土地生活吧。"

　　酋长见蒂多公主只有几枚金币，瞧不起地说："才这么一点点金币就想买我们的土地？"

　　蒂多公主有些难为情地说："是啊，我们的金币确实不多。"

　　酋长嘲笑地说："那你只能买下用一张野牛皮做的绳索所圈出的土地喽。"

　　蒂多公主留下了金币回到船上。船上的人听说了谈判的结果，一个个垂头丧气，认为酋长给的土地太少了，他们没法在这里生存。

　　蒂多公主却说："诸位兄弟姐妹，不必丧气，我有办法用牛皮绳圈一块面积很大的土地。"

　　试问，蒂多公主想的什么办法呢？

170. 孩子的个数

　　幼儿园老师为了奖励小朋友，决定把若干个笔记本发给几个孩子，如果每人发5本，则最后一个孩子分得的本数就不够5本；若每人分3本，则余8本。请问一共有几个小孩？

171. 英明的董事长

　　一个企业能够快速地腾飞起来，不可能是董事长一个人英明。可见（　　）。

　　A. 所有董事可能都很英明

　　B. 董事长一定英明

　　C. 没有一个董事不英明

　　D. 可能不是董事长自己英明

172. 全家人过桥

小箐一家人在夜晚遇到一座桥，他们在想办法应该怎么样通过这座桥。最多一次可以过两个人。若单独过桥的话，小箐需要 1 秒，弟弟 3 秒，爸爸 6 秒，妈妈 8 秒，爷爷 12 秒。由于天黑，每次过桥必须拿灯过去，并且灯只亮 30 秒，而过桥的速度依过桥最慢者而定。那么，请问他们一家人应该如何过这座桥呢？

173. 形状不规则的水杯

现有一个底部是个圆柱体的水杯，圆柱体部分占水杯高度的 3/4，其余 1/4 是不规则体。水杯半满，在不把打开杯，仅有一把尺子可供使用的情况下，你采用什么方法能准确地判断出此时杯子里的水占水杯全部装满时的比例？

174. 巧妙分马

一个人从集市上买回来 9 匹马，家里正好有 10 个马圈，那么请问将这 9 匹马平均放到 10 个马圈里，并让每个马圈里的马的数目都相同，应该怎么样分才合适呢？

175. 影子游戏

你每天肯定要站在镜子面前整理着装，请问，为什么你在镜子中的影像可以左右颠倒，却不能上下颠倒？

176. 给猴子分蛋糕

饲养员在给 8 只小猴子喂早餐，现在需要把一块蛋糕切 3 刀分成均匀的 8 块，问这位饲养员应该怎么样切呢？

177. 神奇花园

有甲、乙、丙、丁四个花园，其中甲园的各种鲜花都能在乙园找到，丙园的鲜花种类包含乙园所有的鲜花种类，而丙园中有一些鲜花在丁园也有种植。那么还有哪些园里的鲜花在其他花园里能够找到呢？

178. 不同颜色的巧克力

假如现在给你一盒巧克力，其中有褐色、绿色、花色三种，闭上眼睛，抓取两个同种颜色的巧克力。抓取多少次就可以确定你肯定有两颗同一颜色的巧克力？

179. 领导的疑惑

在张、王、赵、李四位同事中，有一位同事为四川汶川县灾区捐款 2000 元，当四位同事的领导询问时，他们分别这样回答：

张：这 2000 元不是我捐的；

王：这 2000 元是李捐的；

赵：这 *2000* 元是王捐的；

李：这 *2000* 元不是我捐的。

这四人中只有一个人所言属实，你可以帮领导判断出是哪一位下属捐的 *2000* 元吗？

180. 遛狗也要看天气

甲、乙、丙三个好朋友决定星期天去公园里去遛狗，但他们又怕天气不好对狗不好，所以三人便提出了以下方法来判断：甲提出若风大，就遛狗；乙提出若气温高，就不遛狗；丙说若天气不晴朗，就不遛狗。假如甲、乙、丙三个好朋友的说法都是正确的，那么若遛狗，以下三种说法哪些是对的：第一个人说风大；第二个人说天气晴朗；第三个人说气温高。

181. 脑筋急转弯的演绎法

从现象上看脑筋急转弯是对事物一般逻辑的某种扭曲，但必须是一种有意识的理性的倒错，它离不开人的正常思维和健康心理，所以脑筋急转弯是人类健康心理的一种反映。有甲、乙、丙、丁四个人对以上陈述，做出了如下的结论。

甲说：脑筋急转弯的本质即是将毫不相干的事物联系起来，使之产生逻辑混乱而产生扭曲效果；

乙说：脑筋急转弯所包含的逻辑性往往与正常逻辑有不同之处；

丙说：脑筋急转弯必须要有丰富的联想力；

丁说：人的正常思维和健康心理构成了脑筋急转弯的充分条件。

四个人的结论中哪一个是正确的？

182. 共进行了几场比赛

一次学校各班进行足球比赛中，体育老师宣布了一项别开生面的记分方法。首先，每进 1 球记 1 分；其次，每场比赛中的胜队加 10 分；最后，每场平局，双方各得 5 分。现在有三（1）、三（2）、三（3）三个班派出三个小队，在进行若干场比赛后，三（1）班得 8 分，三（2）班得 2 分，三（3）班得 22 分。这三个班共进行了几场比赛？有同学说是 1 场，也有 2 场、3 场、4 场的猜测者，那么究竟共进行了几场比赛呢？

183. 蛙泳决赛的冠军是谁

某游泳馆内，正在进行 200 米蛙泳决赛，参加决赛的是 A、B、C、D、E、F 六个人。看台上赵、王、孙谈了自己的看法。王认为，冠军不是 A 就是 B；孙坚信，冠军绝不是 C；赵则认为，D、E 都不可能取得冠军。比赛结束后，人们发现赵、王、孙中只有一个人的看法是正确的。那么，200 米蛙泳决赛的冠军最有可能是谁？三人中谁的猜测是最正确的？

184. 谁懂什么语言

来自中、美、韩、意的 A、B、C、D 四位客人，刚好碰在一起。他们除懂本国语言外，每人还会说其他三国语言的一种。有一种语言是三个人都会说的，但没有一种语言他们四位客人都会说的，现在我们知道的是：

①A是韩本人，D不会说韩语，但他俩都能自由交谈；

②四个人中，没有一个人既能用韩语交谈，又能用美语交谈；

③只有B、C、D在一起交谈时，找不到共同语言沟通；

④B不会说汉语，当A与C交谈时，他都能做翻译。

那么A、B、C、D四位客人分别都会说什么语言？

185. 巧妙主持

假如你在参加一个晚会，要你做一个互动游戏。主持人要求来宾完全模仿他的动作。如果你是主持人，设计一个其他人都无法模仿的动作。那么你会从举头、举手、立定跳、先闭上眼睛然后睁开眼睛这四个动作中，选择哪一个能让其他人都无法模仿呢？

186. 真正的抢劫犯

在某县一条最繁华的要道上，有一家商业银行被人抢劫了。事情发生后，公安局迅速侦察并拘捕了三个重大嫌疑犯。他们是赵、王、孙。后来，又经审讯，查明了以下事实。

①抢劫犯带着钱是开车逃掉的；

②不伙同赵，孙决不会作案；

③王不会开车；

④抢劫犯就是这三个人中的一个或一伙。

公安局刑侦队做出了四个判断：一、赵有罪；二、赵无罪；三、王有罪；四、王无罪。那么谁才是真正的抢劫犯呢？

187. 盒中寻宝

桌子上摆着分别为红、黄、黑三种颜色的盒子。红色盒子上写着："珠宝不在此盒中"；黄盒子上写着："珠宝在红盒子中"；黑盒子上写着："珠宝不在此盒中"。从这三句话你能推断出哪个盒子里面有珠宝吗？

188. 乒乓球比赛

有三名国际乒乓球特级大师和三名国际乒乓球大师进行循环比赛，即每一名选手都要和其他五名选手比赛。比赛计分规则如下：击败国际乒乓球特级大师可得 2 分，击败国际乒乓球大师可得 1 分；国际乒乓球特级大师输一场失 2 分，国际乒乓球大师输一场失 1 分。如果有一名国际乒乓球特级大师已输了两场，那么他最高可获几分？

189. 如何选队员

国家羽毛球教练组将从右手执拍的选手 A、B、C 和左手执拍的选手 O、P、Q、R 中选出四名队员去参加奥运会。比赛要求至少有两名右手执拍的选手，而且选出的四名队员都可以互相配对进行双打。已知 B 不能与 O 配对；C 不能与 Q 配对；P 不能与 O 或 Q 配对。若 A 不被选入队中，请你看一下有哪几种不同的选法？

190.哪位海关员的说法正确

在某次海关检查后，四位海关检验人员有如下结论。

甲：所有集团的产品质量都不过关；

乙：服装集团陈经理的服装质量不过关；

丙：所有集团产品质量不是都不过关；

丁：有的集团产品质量不过关。

如果四人中只有一个结论属实，那么哪位海关员的说法和判断正确呢？

191.小明一家人的座次

小明一家人五口人玩了一个座次游戏。晚饭时，爷爷已经在吃饭的圆桌旁坐好了，问其余四个人怎么坐，结果每个人都没有说真话。

父亲：我坐儿子旁边；

母亲：我坐女儿旁边；

儿子：我右边是妈妈或者姐姐；

女儿：妈妈在弟弟的左边。

那么，从爷爷的左边开始，依次都是？

192.谁是经理

假设"如果小绿是经理或小红不是经理，那么，小黑是经理"为真，由以下哪个前提可推出"小红是经理"的结论？

A. 小黑不是经理；

B. 小绿和小黑都是经理；

C. 小黑是经理；

D. 小绿不是经理；

E. 小绿或小黑有一个不是经理。

193. 百变魔镜

日常生活中，我们会常常用到镜子，而镜子呈现的景象有时却不是实相。如果一人站在两块相对摆放着的立镜中间，就会照出一连串很多的影像。现在假设有一间小屋，屋内上下、左右、前后都装上了无缝隙的镜子。请问：当你好奇地走进这间神秘小屋时，你想你能看到什么样的景象呢？

194. 幸运渡河

在一个荒岛上有条河流，岛上有一座已多年失修而破烂不堪的古桥与河岸相连，很少有人到此地，更不要说有人走这座桥了。某日一个旅行者不知道怎么漂泊到这个荒岛上，碰巧他刚好看到有座桥，于是想通过这座桥走到河的对岸。当他刚走了两三步，桥就发出"嘎嘎"的响声，好像就要断似的，他只好又返回荒岛。这个人不会游泳，四处呼叫也无人理会。无奈之下他只好呆在这个岛上，绞尽脑汁地想办法。

不知不觉他在这个荒岛上已被困了 10 天，两眼昏花，浑身无力。到了第 11 天，他想无论如何也得过去，反正在这里呆下去也是死，还不是就死一搏，没有想到他竟然顺利通过此桥到了河对岸。请问他是怎么渡河的？

195. 是何用意

在卖场里，有 A、B 两个品牌的同一型号电池，A 牌号的电池价格比 B 牌号低 10%，前者比后者畅销。但经检测，B 牌号的电池使用寿命比 A 牌号长 15%，A 牌号反而畅销，原因就是消费者不知道这两种电池在寿命上的差异。在消费者的支持下，本来应当少生产的低效产品反而多生产了，这说明，信息的不完全可以导致市场失效。那么，以下四个观点中，哪一个观点可以说明上述论断的真正用意？

①购买者拥有的产品信息不充分时，市场在配置资源方面不可能发挥有效作用，需要政府介入。

②生产厂家在商品标签上应标明有关产品的成分、功能和生产日期。

③购买者要想正确地作出购物决定，就只能充分地获得产品的有关信息，了解产品的真正价值。

④对于国家来说，应当完善各项法律法规。

196. 勇敢者和懦弱者

一个篮球教练这样教导他的队员："篮球比赛从来都是以结果论英雄。在篮球比赛中，你不是赢家就是输家；在球迷的眼里，你要么是勇敢者，要么是懦弱者。由于所有的赢家在球迷眼里都是勇敢者，所以每个输家在球迷眼里都是懦弱者。"那么，产生了以下甲、乙、丙、丁四个人的说法。

甲：对于每一个球迷来说，篮球场上勇敢者必胜；

乙：对于每一个球迷来说，都具有区分勇敢和懦弱的准确判断力；

110

丙：对于每一个球迷眼中的勇敢者来说，不一定是真正的勇敢者；

丁：即使在篮球场上，输赢也不是区别勇敢者和懦弱者的唯一标准。

请问：如果想要使教练的论证成立，四项假设说法中哪项是必须正确的？

197. 分数高低

在计算机四级考试中，A 的分数比 B 低，但是比 C 的分数高；D 的分数比 B 和 C 的低；E 的分数比 D 的高，但是比 B 的低。如果以上陈述为真，那么以下四个说法中，哪一项能够推出甲的分数比 A 的分数低？

①A 的分数和 E 的分数一样高；

②E 的分数和甲的分数一样高；

③E 的分数比甲的高，但比 C 的分数低；

④甲的分数比 B 的分数低。

198. 是否进行健康检查

当医院在进行健康检查时，如果核查得足够彻底，就会使那些本没有疾病的被检查者饱经折腾，并白白地支付了昂贵的检查费用；如果检查得不够彻底，又可能错过一些严重的疾病，给被检查者一种虚假的安全感而延误治疗。问题在于，一个医生在给被检查者做检查时很难把握进行到何种程度。因此，对于一个普通人来说，身体良好却去医院接受医疗检查是不明智的。以下是甲、乙、丙、丁四个人对上述论断的看法。

甲：对于病人来说，如果身患严重疾病，在早期时自己就能明显地察觉。

乙：对于病人来说，如果身患严重疾病，在早期时自己虽无法明显察觉，但这些症状并不难被医院发现。

丙：对于病人来说，如果身患严重疾病，只有经过彻底检查才能发现。

丁：对于经验丰富的医生来说，可以恰如其分地把握检查的程度。

请问：四个人的说法如果为真，那么不能削弱上述论证的是哪一位？

199. 奇怪的人

A 村有一名热心的技术员，他只给村子里的所有不传授自己技术的人教授技术，而村子里所有不为自己学习的人都来找这位技术员学技术，这位技术员该怎么办？

甲说：这位技术员给自己教授技术；

乙说：这位技术员请人为他教授技术；

丙说：这位技术员从不学习技术；

丁最后很肯定地说：不存在这样的人。

请问：四个人的说法中哪一个人的说法正确？

200. 猜牌

A 是一个魔术师，一次在台上表演时，他拿出了红桃、黑桃、梅花三种牌放于桌子上，他向观众说明桌子上总共是 20 张牌。

台下的甲、乙、丙三位观众给出了以下推断。

甲说：魔术师在桌上放的牌中，至少有一种花色的牌少于 *6* 张；

乙说：魔术师在桌上放的牌中，至少有一种花色的牌多于 *6* 张；

丙说：魔术师在桌上放的牌中，任意两种牌的总数将不超过 *19* 张。

请问：上述甲、乙、丙三位观众谁的论断有错误？

201. 谁考上了

小红与小楠今年都报考了公务员，这时候 *4* 位好朋友对她们两个有如下猜测：

（*1*）她们俩人至少要考上一个；

（*2*）小红不一定考上；

（*3*）小楠考上了；

（*4*）并非小红可能没考上。

结果两位好朋友猜对了，两位好朋友猜错了。考试结果是（　　）。

A. 小红考上了，小楠没考上

B. 小红和小楠都考上了

C. 小红和小楠都没考上

D. 小楠考上了，小红没考上

202. 谁上了富县

甲、乙、丙三个记者到某县去调研，一个去了富县，一个去了穷县，一个去了不富不穷的县。但究竟谁到了哪个县，有人开始不清楚，于是有人做了如下猜测。

一人说：甲上了富县，乙上了穷县；

另一个说：甲上了穷县，丙上了富县；

还有一个说：甲上了不富不穷的县，乙上了富县。

后来证实，三人的猜测都是只对了一半。

请问：甲、乙、丙各进了哪个县？

203. 愚人节的真话假话

　　一个摄影师赶往机场要去国外参加一个颁奖典礼，正巧那天是愚人节。他开车到一个三岔路口却迷了路，正好迎面从店里走来了一个老翁，他便上前问路。老翁笑着摇头，让他往前走几步，说他的两个孙儿知道去机场的路，并告诉这个摄影师他的两个孙儿一个人爱说真话，一个人爱说假话。这个摄影师点了点头往前开去，真的碰上了老翁的孙子，他同时向那两个人问了一句："1+1=3，左边这条路通向机场，对吗？"等两个老翁的孙子回答完，这个摄影师便毫不迟疑地走上了左边这条道，到达了机场，究竟那两个人是如何回答的呢？人们做出了以下猜测：两个人都说是；两个人都说不是；一个人回答，一个没回答；一个人说是，一个人说不是。

204. 神秘的生日派对

　　在一个生日派对上，每人头上都戴着一顶帽子。帽子只有黑、黄两种，黑的至少有一顶。每个人都能看到其他人帽子的颜色，却看不到自己的。主持人先让大家看看别人头上戴的是什么帽子，然后关灯。如果有人认为自己戴的是黑帽子，就打自己一个耳光。第一次关灯，没有声音，于是开灯大家再看一遍，关灯时仍然鸦雀无声。一直到第三次关灯，才有"劈劈啪啪"打耳光的声音响起。问至少有多少人戴着黑帽子？

205.猜猜谁买了什么车

吉米、瑞恩、汤姆斯新买了汽车，汽车的牌子分别是奔驰、本田和丰田。他们一起来到朋友杰克家里，让杰克猜猜他们三人各买的是什么牌子的车。杰克猜道："吉米买的是奔驰车，汤姆斯买的肯定不是皇冠车，瑞恩自然不会买奔驰车。"很可惜，杰克的猜测，只有一种是正确的，你知道他们各自买了什么牌子的车吗？

206.婚礼认亲

在一对新人的婚礼上，有五位亲戚 A、B、C、D、E，其中 4 个人每人讲了一个真实情况。

①B 是我父亲的兄弟；

②E 是我的岳母；

③C 是我女婿的兄弟；

④A 是我兄弟的妻子。

上面提到的"每人"都是这 5 个人当中的一个，由此你可以推出他们之间可能的关系吗？

207.旅馆交友

在某旅馆里住着中国不同城市的 6 个人，分别来自北京、上海、深圳、重庆、辽宁和天津，他们的名字分别叫 A、B、C、D、E 和 F。注意这里列出的名字顺序不一定与上面的城市一一对应，现已知：

115

1. A 和北京人是医生；

2. E 和重庆人是教师；

3. C 和辽宁人是技师；

4. B 和 F 曾经当过兵；上海人从未参过军；

5. 重庆人比 A 年龄大；天津人比 C 年龄大；

6. B 同北京人下周要到深圳去旅行；C 同重庆人下周要到上海去度假。

试问 A、B、C、D、E 和 F 分别来自哪个城市？

208. 今天是周几

甲、乙、丙、丁、戊、己、庚七个人在讨论今天是周几。

甲：后天是周三；

乙：不对，今天是周三；

丙：你们都错了，明天是周三；

丁：今天既不是周一、也不是周二、更不可能是周三；

戊：我确信昨天是周四；

己：不对！你弄颠倒了，明天是周四；

庚：不管怎样，昨天不是周六。

如果说他们之中只有一个人讲得对，是谁呢？那么今天到底是周几呢？

209. 工人的休息日

某工厂内有 A、B、C、D、E、F、G 七名工人，他们被允许每周都有一天休息，并且他们的休息日均不在同一天。已知：

A 的休息日比 C 的休息日晚一天；

D 的休息日比 E 的休息日的前一天晚三天；

B 的休息日比 G 的休息日早三天；

F 的休息日在 B 和 C 的休息日的正中间、而且是在周四。

请问这七名工人的休息日分别是哪天呢？

210. 谁的预言正确

有 A、B、C 和 D 4 位小朋友，他们正在接受培训以便将来当个科学家。一天，他们四个人在预言。

A 预言：B 无论如何也成不了职业舞蹈家；

B 预言：C 将成为当地的科学家；

C 预言：D 不会成为演奏家；

D 预言：她自己将来会嫁给一个富豪。

实际上，后来他们之中只有一个人成了科学家，并在当地谋到了一个职位。其余 3 个人，一个当了职业舞蹈家、一个当了思想家，第三个当了演奏家。事实上他们 4 个人中，只有一个人的预言是正确的，而正是这个人第一个当上了该城市的科学家。那么，你能否判断出他们四个人中谁当了什么？

211. 如何过河

现在有一家人：爸爸，妈妈，小强和小红，另外还有一个警察和一个犯罪嫌疑人一共是 6 个人。他们要过前面的一条河，仅有一只船，并且一次只能坐两个人。

目前的情况是：若警察不在，这一家人会不安全；若爸爸不在，妈妈会批评小强；妈妈不在，爸爸会批评小红；可是小强和小红都不会开船，那么要在没有任何人挨批评的情况下，要所有人都过河。那应该怎么过河才安全呢？

212. 谁被录用了

已知下列判断中前两个人的为假，后两个人的为真。

（1）如果赵没有被录用，那么王就被录用；

（2）赵和王两个人中只有一人被录用；

（3）只有赵被录用，孙才不被录用；

（4）如果孙被录用，李才被录用。

对此，甲、乙、丙、丁四个人对以上陈述，做出了如下的结论。

甲：赵和王被录用，孙和李未被录用；

乙：赵和王未被录用，孙和李被录用；

丙：赵和孙被录用，王和李未被录用；

丁：赵和孙未被录用，王和李被录用。

请问，四人中谁的结论最符合上述论断？

213. 石油问题

在20世纪80年代以前，甲地一直是挪威的一个安静而平和的小镇。从20世纪60年代早期以来，它已成为挪威近海石油勘探的中心，在此过程中，暴力犯罪和毁坏公物在甲地也急剧增多了。显然，甲地因石油而导致的繁荣是这些问题产生的根源所在。

假如此事发生在20世纪80年代至今，那么四项中：

①甲地的居民对他们的城市成为挪威近海石油勘探中心，表示并不怎么感到遗憾；

②在甲地的暴力犯罪和毁坏公物案件的急剧增加，挪威社会学家对此十分关注；

③在一些没有和甲地一样因石油而繁荣的挪威城镇，暴力犯罪和毁坏公物一直保持着低水平；

④对于甲地来说，各类犯罪一样多。

请问：哪一项对上面的论证给予了最强的支持？

214. 生死抉择

玉帝为了惩罚一位犯天条的仙子，让天兵把她押到一个仙道口，并告诉她这个仙道有两扇门，一扇通向人间，一扇通向地狱。两扇门旁各有一个看守，一个只说真话，一个只说假话。这位仙子只能问一个问题就要能判断出该走哪扇门，她应该如何问才能顺利去往人间呢？

215. 三胞胎姐妹

有三胞胎 A、B、C 的名字分别叫晶晶，莹莹，晶莹（名字与字母顺序不对应），晶晶只说真话，莹莹爱说假话，而晶莹有时说真话有时说假话。她们三个长得很像，外人很难分辨。上课的时候老师让三胞胎回答问题，于是问 A：请问，B 叫什么名字？A 回答说：她叫晶晶。

老师又问 B：你叫晶晶么？B 回答说：不，我不叫晶晶。

老师又问 C：B 到底叫什么？C 回答说：她叫莹莹。

216. 谁的座位被隔开了

为了增加感情，甲夫妻俩邀请了关系较好的三对夫妻来家里做客，他们分别是乙夫妻、丙夫妻和丁夫妻。用餐时，他们8人坐在一张圆桌旁，且只有一对夫妻是被隔开的，现已知：

①甲太太对面的人是坐在乙先生左边的先生；

②丙太太左边的人是坐在丁先生对面的一位女士；

③丁先生右边的人是位女士，她坐在甲先生左边第二位置上的女士的对面。

那么请问哪对夫妻的座位时被隔开了？

217. 找夫妻

在某家广告公司内有甲、乙、丙三位关系不错的职员，他们的未婚妻 A、B、C 也都是这家公司的职员。人事主管张经理透露说："A 的未婚夫是乙的好友，并在三个男子中最年轻；丙的年龄比 C 的未婚夫大。"依据这些信息，我们可以推出谁和谁是未婚夫妻？

218. 哪个论证错误

奥斯卡电影城为了吸引顾客前来消费，采取了中小学生购票半价优惠的经营策略。然而，电影城并没有实际做出让利，因为当某场电影的上座率超过80%，就停售当场的学生优惠票，而在目前电影业不景气的情况下，电影城的上座率很少超过80%。就算是有的座位是空着的，电影城也不进行促销。

以下四个论断项如果都是真的，哪项是不支持上述论证的？

（1）绝大多数中小学生观众并不是因为票价优惠才选择去奥斯卡电影城看电影的；

（2）奥斯卡电影城实施学生优惠价的8月份的营业额比未实行优惠价的4月份增加了40%；

（3）实施学生优惠票价是表示对青少年教育的一种重视，不应从功利角度对此进行评价；

（4）奥斯卡电影城在实施学生优惠价的同时，采取早晚时段性的优惠。

219. 找出假论断

某警局李局长开会时说："最高明的骗子，可能在某个时刻欺骗所有的人，也可能在所有的时刻欺骗某些人，但不可能在所有时刻欺骗所有的人。"如果李局长的上述论断是真的，那么下列哪项论断是假的呢？

①李局长可能在任何时刻都不受骗；

②存在某一时刻有人可能不受骗；

③李局长也有可能在某个时刻受骗；

④不存在某一时刻所有的人都必然不受骗。

220. 天气预报

赵某参加了一个旅游团，两日内要去 A、B、C、D 4 个城市去浏览一番。已知 4 个城市有 3 种天气情况，A 市和 C 市的天气相同，B 市和 D 市当天没有雨。赵某很想知道具体的天气预报，于是他的甲、乙、丙、丁 4 位朋友进行了推断：

甲说：A 市小雨；

乙说：B 市多云；

丙说：C 市晴；

丁说：D 市晴。

最后，赵某旅游回来，才知道 4 人中有 3 人的推断是正确的。

121

请问：甲、乙、丙、丁四个人中哪 3 个人的推断是正确的？谁的推断是错误的？

221. 谁的分配最合理

某公安机关要从代号为赵、王、孙、李、钱、刘 6 个侦查员中挑选若干人去破案，人选的配备要求必须注意下列各点：

①赵、王两人中至少去一人；

②赵、李不能一起去；

③赵、钱、刘三人中有两人去；

④王、孙两人都去或都不去；

⑤孙、李只去一人；

⑥若李不去，则钱也不去。

公安机关把人选的配备问题交给了甲、乙、丙、丁 4 个人，以下是四个人的分配方法：

甲：赵、王、刘三人去；

乙：赵、王、孙、刘四人去；

丙：王、孙、钱三人去；

丁：王、孙、李、钱四人去。

请问：甲、乙、丙、丁四个人中，谁的分配方法最符合题意？

222. 俱乐部中谁不会踢球

张记者去一家足球俱乐部进行访谈，正巧碰到了甲、乙、丙、丁 4 位队员，张记者便问他们俱乐部中是否有人不会踢球，他们 4 人回答说：

甲说："我们俱乐部的队员都会踢球。"

乙说："丁不会踢球。"

丙说:"我们俱乐部的队员有人不会踢球。"

丁说:"乙也不会踢球。"

现在已知甲、乙、丙、丁4人中有1个人说的是假话,张记者回去做了以下推断:①说假话的是甲,乙不会踢球;②说假话的是乙,丙不会踢球;③说假话的是丁,乙不会踢球;④说假话的是甲,丙不会踢球。

请问:谁说的是假话?谁说的是真话?张记者哪一种推断是正确的?

223. 称苹果

有10筐苹果,每筐里有10个苹果,共100个。每筐里苹果的重量都一样,其中有9筐每个苹果的重量都是1斤,另一筐中每个苹果的重量都是0.9斤,但是外表完全一样,用眼看或用手摸无法分辨。现在要你用一台普通的大秤一次把这筐重量轻的找出来,你能做到吗?

224. 砝码

用天平称物体的重量时,总少不了砝码——1克、2克、4克、8克……等,一般人都能想到,但这种方法需要的砝码数量太多,实际可以用得少一些。请你重新设计一个方案,只用4个砝码就能用天平称量1克~40克的全部整数克数的物体的重量。

225. 称零件

有13个零件,外表完全一样,但有一个是不合格品,其重量和

123

其他的不同，且轻重不知。请你用天平称 3 次，把它找出来。

226. 清理垃圾

有一堆垃圾，规定要由张、王、李三人清理。张因外出没能参加，留下 9 元钱做代劳费。王上午起早干了 5 小时，李下午接着干了 4 小时刚好干完。问王和李应怎样分配这 9 元钱？

227. 最后剩下谁

1—50 号运动员按顺序排成一排。教练下令："单号运动员出列！"剩下的运动员重新排队编号。教练又下令："单号运动员出列！"如此下去，最后只剩下一个人，他是几号运动员？如果教练下的令是"双号运动员出列！"最后剩下的又是谁？

228. 上楼

我上班的办公楼和我居住的家属楼都是 6 层楼，而我工作和居住的楼层均在 3 楼。于是我想：我每天所爬的台阶数是家住 6 楼、工作也在 6 楼的同事的几分之几呢？

229. 找相同点

善于寻找事物的异同点和内在的联系,善于发现事物的发展规律,是我们做好研究工作应具备的基本素质和条件。请你找找看，下面的两个数有哪些相同点？

2468 3579

230. 买烟

20 世纪 60 年代的哈尔滨。一天，一个小商店里来了一位不速之客。他对售货员说："我是南方人来哈尔滨出差，想带哈尔滨特产的'哈尔滨''迎春''葡萄'牌香烟回去给大伙尝一尝。我现在只有 3 元钱，全都买烟。"当时三种香烟每盒的价格分别是 0.29 元、0.27 元和 0.23 元。售货员经计算后，满足了他的要求。这位南方人每种烟各买了几盒？

231. 一张假币

一天傍晚，某鞋店来了一位顾客，拿出 10 元钱买一双布鞋。该鞋 7 元一双，需要找给顾客 3 元。因为没有零钱，鞋店老板拿着这张 10 元钱到隔壁小店换成零钱，找给顾客 3 元，顾客拿着钱和鞋走了。第二天，隔壁小店来人说前天的钱是假的，老板只好拿出 10 元钱，叹口气说：今天的损失太大了。请你帮鞋店老板算一算，他一共损失了多少钱？

232. 鸡蛋

一位老太太挎了一筐鸡蛋到市场去卖。路上被一位骑车的人撞倒，鸡蛋全部打破。骑车人搀起老太太说："你带了多少个鸡蛋？我赔你。"老太太说："总数我也不知道，当初我们从鸡窝里拣鸡蛋是每 5 个一数的，最后又多拣了 1 个。昨天我老头子数了一遍，他是 4 个一数的，最后也是多 1 个。今早我又数了一遍，是 3 个一数的，也是多 1 个。"骑车人在心里算了一下，按市场价赔了鸡蛋钱。老太太一共带了多少个鸡蛋？

233. 忙碌的鸽子

哥哥早晨步行去郊外。刚走 1 个小时，弟弟从电视中得知中午有雨，立即骑车给哥哥送伞。出门时，哥俩养的一只小鸽子同时飞出来。它飞到哥哥的头顶又立即掉头向弟弟飞去，到弟弟头顶又掉头向哥哥飞去，直到弟弟追上哥哥。已知哥哥步行的速度是每小时 4 公里，弟弟骑车的速度是每小时 20 公里，鸽子的速度是每小时 100 公里，若鸽子掉头的时间不计，当弟弟追上哥哥时，鸽子一共飞了多少公里？

234. 分牛

从前有个农民，一生养了不少牛。农民去世前留下遗嘱：牛的总数的一半加半头给儿子，剩下牛的一半加半头给妻子，再剩下的一半加半头给女儿，再剩下的一半加半头宰杀犒劳帮忙的乡亲。农民去世后，他们按遗嘱分完牛后恰好一头不剩。他们各分了多少头牛？

235. 跑马场

跑马场上有 3 匹马，并排从起跑线上向同一个方向起跑。已知公马 10 分钟能跑 4 圈，母马 10 分钟能跑 3 圈，小马 10 分钟能跑 2 圈，经过多长时间 3 匹马又能同时回到起跑线上？

236. 井底之蛙

井深 27 米。一只青蛙在某月 1 号早晨从井底往上爬。青蛙白天能爬 3 米，夜里又下降 2 米。照这样下去，青蛙几号能爬到井上？

237. 钓鱼

有个人喜欢钓鱼。一天钓鱼归来，路上有人问他钓了多少条鱼，他答到："有 6 条没头的，9 条没尾的，8 条半截的。"你知道他钓了多少条鱼吗？

238. 啤酒与饮料

小张请小李到家会餐。小张知道小李爱动脑筋，于是就给他出了一道题：我今天买啤酒和饮料共花了 9.9 元，你猜一猜我买了几瓶啤酒、几瓶饮料？猜对了我自罚一杯白酒，猜错了罚你一杯。小李只用了几分钟的时间就算出来了，小张只好自罚一杯。已知啤酒每瓶 1.7 元，饮料每瓶 0.7 元，你能算出小张买了几瓶啤酒、几瓶饮料吗？

239. 帽子问题（一）

教师把他最得意的三个学生叫到一起，想测测他们的智力。他先让三个学生前后站成一排，然后拿出 3 白 2 黑共 5 顶帽子，让学生看后把两顶黑帽子藏起来，把三顶白帽子给他们戴上。三个学生都看不见自己戴的帽子，但后边的学生能看见前边学生的帽子，前边的学生看不见后边学生的帽子。教师让三个学生说出自己戴的帽子的颜色。经过一段时间的思考后，前边的学生回答说：我戴的是白色的。他是怎样知道的？

240. 帽子问题（二）

本题同上题相似，只是三个学生是相对站立的，彼此互相能看到。经过一段时间，三个学生异口同声地说自己戴的是白帽子。他们是怎么猜到？

241. 量容积

有一个药瓶，上面有刻度，可以从刻度上看出里面的药水的体积。但是这个刻度并不是从瓶底到瓶顶的，而且瓶口处比瓶身小，怎样能量出瓶子的容积呢？

242. 栽树

果园里有 10 棵苹果树，栽成 5 行，每行 4 棵。你知道怎样栽吗？

243. 切西瓜

把一个西瓜切 4 刀，最多可以切成多少块？怎样切？

244. 过河

一只小船仅能载客 6 人。一天来了两对夫妇，每对夫妇都带了两个孩子，但船家竟未阻挡，让他们全上了船。船家不怕超载吗？

245. 对表

这是发生在 20 世纪 50 年代的事。老工人张师傅家新买了一台大挂钟，上完弦挂钟就走了起来。但家里一块手表也没有，也没有收音机，没法调准表的时间，只好到离不远的李师傅家对表。因为挂钟太大，拿起来不方便，张师傅空手到李师傅家坐了一会儿，回来就把表调准了。他是怎样做的呢？

246. 谁先到达

有两个人从甲地到乙地。其中一人骑自行车，另一人先乘火车走了前一半路程，后一半路程不通火车，改坐马车。火车的速度是自行车的 6 倍，自行车的速度是马车的 2 倍。请问甲和乙谁能先到达目的地呢？

247. 3 个盒子

在一个有盖儿的盒子里，分别放着 2 个红球，2 个篮球和 1 个红球、

129

1个篮球。3个盒盖儿上，分别贴着"2个红球"，"2个篮球"，"1个红球、1个篮球"的标牌。由于一时疏忽，3个标牌全贴错了。现在请你只打开1个盒子，摸出1个球，然后把贴错的标牌给调整过来。

248. 水面变化

在一只装有水的盆里，有一个漂浮在水上的小盒，盒里放一个石块。请你想一想，如果把石块拿到小盒的外面，盆里的水面是会升高还是会降低？

249. 方中排圆

有一个边长为10厘米的正方形匣子，里面排满了直径为1厘米的圆球。你知道最多可以排多少只球？小圆球应该怎样排列，才能装得最多？

250. 猜名次

在一次数学竞赛中，甲、乙、丙、丁、戊5位同学得了前5名。他们想知道每个同学的具体名次，于是一起去问老师。老师说："别急，你们先猜猜看。但每人只能猜两个人的名次。"5位同学猜的结果是：

甲说："乙第三，丙第五。"

乙说："丁第二，戊第四。"

丙说："甲第一，戊第四。"

丁说:"丙第一,乙第二。"

戊说:"丁第二,甲第三。"

同学们猜完后,老师笑着说:"你们答题的能力很强,猜题的能力却不行。你们每个人只猜对了一半。"老师说完后,同学们稍加分析就知道了结果。你现在知道结果了吗?

251. 快速回答

(1) 树上有6只鸟,用枪打掉1只,还剩几只?

(2) 缸里有10条鱼,死了3条,还有几条?

(3) 一个四边形木板,用刀砍掉一个角,还有几个角?

(4) 一队解放军在路上走,前边10个人,后边10个人,当中几个人?

(5) 两个人以相反的方向站立,如果要互相能看到对方,最少需要几面镜子?

(6) 10个小孩捉迷藏,已经捉到5个,还有几个没捉到?

(7) 假如今天中午天空乌云密布,10小时后是否有希望见到太阳?

(8)《国际歌》一共有多少个字?

252. 护士的休息日

A、B、C、D、E、F、G七名护士每周都各自有一天休息,但她们之中没有任何人的休息日是在同一天。

已经知道:A的休息日比C的休息日晚一天;D的休息日比E的休息日的前一天晚三天;B的休息日比G的休息日早三天;F的休息日在B和C的休息日的正中间,而且是在星期四。

每个护士分别在星期几休息？

253. 愉快的生日

A、B、C、D、E 5 个人的生日是挨着的。但并非按上述次序排列。

A 的生日比 C 的生日早的天数正好等于 B 的生日比 E 的生日晚的天数；D 比 E 大两天；C 今年的生日是星期三。

其他四个人今年的生日都在星期几？

254. 黑色和白色的前额

有 A、B、C、D、E 5 个人。每个人都把一块白色或黑色的圆牌系在各自的前额上。每个人都能看到系在其他四个人前额上的牌，但又都看不见自己的。如果一个人系的圆牌是白色的，他所讲的话就是真实的；如果系的圆牌是黑色的，他所说的话就是假的。他们说的话如下：

A 说："我看见三块白牌和一块黑牌。"

B 说："我看见四块黑牌。"

C 说："我看见块白牌和三块黑牌。"

E 说："我看见四违犯白牌。"

他们每个人系的圆牌分别都是什么颜色的？

255. 星期几

A、B、C、D、E、F、G 七个人在争论今天是星期几。

A：后天是星期三。

B：不对，今天是星期三。

C：你们都错了，明天是星期三。

D：胡说！今天既不是星期一、也不是星期二、更不是星期三。

E：我确信昨天是星期四。

F：不对！你弄颠倒了，明天是星期四。

G：不管怎样，昨天不是星期六。

他们之中只有一个人讲对，是哪一个？今天到底是星期几？

256. 查理的懊恼

我们所在的这个世界是个竞争的世界，所以希望大家抓紧良机，树立并发挥竞争精神。在这方面，查理（C）得到了充分的发展。一天早上，查理（C）非常懊恼地告诉我，在一场与阿尔夫（A）、巴特（B）、达吉（D）和欧尼（E）的竞赛中，他没能获得第一名。

他还告诉我，D 比 E 低 2 个名次，而 E 不是第二名；A 既不是第一名，也不是最后一名；后来，我从 B 那里听说，他比 C 低一个名次。

他们比赛结果的名次（无并列）是如何排列的？

257. 按规则办事

由于人事关系的复杂性，在不同的时期、不同的情况下，我们的工厂都能有一个适合特定情况的规则。有一个时期的规则是这样的：

（1）如果 A 来上班，B 必须休息，除非 E 不出工；若 E 不出工，B 必须出工，而 C 必须休息。

133

（2）A 和 C 不能同天出工或同天休息。

（3）如果 E 来干活，D 必须休息。

（4）如果 B 休息，E 必须出工，除非 C 来上班；若 C 来上班，E 必须休息，而 D 必须来干活。

为了群众需要，我们的生产必须打破常规，一周 7 天都要进行生产。因此，工厂需要做出一个安排，使 7 天之中每天都有一批工人来上班。

按照上述规则，7 天中谁什么时候来上班？

258. 参加会议

最近，我们工厂正在调整工作。工作人员 A、B、C、D、E、F、G 还都不太清楚在开门、关门、擦门把手、洗瓶子、扫地领班、福利干事和工人这 7 种工作中，谁在干什么工作。

他们当中的 4 个人被选为工厂代表去参加有关今后 10 年发展方针的讨论会。他们 4 个人被称为"福利先生""扫地先生""瓶子先生""门先生"。尽管他们每个人知道了自己的头衔，但他们不知道别人的头衔。

这 4 名代表参加会议时根据其他人讲的话做了笔记。

福利先生：（1）F 是洗瓶人；（2）B 是工人；（3）D 不是瓶子先生。

扫地先生：（1）A 是工人；（2）C 不是瓶子先生。

瓶子先生：（1）E 是福利干事；（2）B 是洗瓶人。

门先生：（1）D 是工人；（2）C 是洗瓶人；（3）G 的工作与门无关。

很有意思的是，如果上述每句话中提到的人在场，那么这句话就是对的，而如果话中提到的人是 3 个不在场的人中的 1 个，那么那句话就是假的（没有一个人说话中提到自己的名字，会上提到的头衔也不一定与他们现在的工作有关）。

参加会议的 *4* 个人是谁？他们现在的工作是什么？

259. 逻辑胡同

欠完美岛上有一条叫做"逻辑胡同"的特殊街道。这条街上的房子一般都是给数学家保留的。

加加、除除和偶偶三个人住在这条街上的三所不同的房子里（这条街的房子的门牌号是从 *1* 号～ *50* 号）。三个人中有一个人是破卡族，这个部落总是讲真话的；另一个是妖太族，他们从不讲真话；第三个人是西利撒拉族，他们总是真话、假话交替地讲。

他们讲了以下情况。

加加：（*1*）我家的门牌号比除除的号大；（*2*）我家的门牌号可以被 *4* 整除；（*3*）偶偶的门牌号与他们中另一人的差为 *13*。

除除：（*1*）加加的门牌号可被 *12* 整除；（*2*）我的门牌号是 *37*；（*3*）偶偶的门牌号是个偶数。

偶偶：（*1*）没有一个人的门牌号可被 *10* 整除；（*2*）我的门牌号是 *30*；（*3*）加加的门牌号可被 *3* 整除。

请你找出他们三个人各属哪个部落和他们各自的门牌号。

260. 不朽的沃拉票

欠完美岛正在飞速发展。他们的领袖对外部世界的治理方法逐渐产生兴趣，尤其是该岛有采取现代化经济的趋势。岛上有三个部落：总是讲真话的破卡族、从来不说真话的妖太族和真话、假话交替地说的西利撒拉族，每个部落设有一个财政部长。这三个部落的财政部长认为有必要建立一种货币制度。他们使用的货币将是布兰票、沃拉票和蒙兹票（与上述部落的顺序不一定对应）。确定这三种票的兑换率是比较困难的，但最后他们还是达成了协议（各种票的价值均不相同）。

三位部长（A、B、C，与上面顺序不一定相对应）按照他们各自部落的特征向新闻界发表了如下谈话。

A：（1）2张沃拉票值五张蒙兹票；（2）我们的货币是布兰票；（3）妖太族的货币是沃拉票。

B：（1）A是破卡族；（2）三张蒙兹票值四张布兰票；（3）西利撒拉族的货币比妖太的货币更值钱。

C：（1）B的货币没有A的货币值钱；（2）一张布兰票值三张沃拉票；（3）我们的货币是沃拉票。

找出A、B、C各属于哪个部落，各部落使用的货币名称及这三种货币的兑换情况。

261. 优点比赛

A、B、C是欠完美岛上的三个居民。其中一个是总讲真话的破卡部落的成员，另一个是从来不讲真话的妖太部落的成员，第三个则是真话、假话交替着讲的西利撒拉部落的成员。

他们在开展各种优点的比赛——比一比谁最勤奋、最机敏、最受欢迎。他们按比赛名次排列（无并列）。

比赛结束后，他们每人说了三种情况。当然，在说这些情况时，每人都表现了各部落的特性。

A：（1）B在勤奋测验中所得的名次比在受欢迎测验中所得的名次靠前；（2）参加受欢迎测验中比在机敏测验中得的名次靠后；（3）我在受欢迎测验和机敏测验中的名次相同。

B：（1）我不是西利撒拉族；（2）我比C更不受欢迎；（3）C是破卡族。

C：（1）A是我们三个人中最受欢迎的；（2）划个妖太族。

（3）我比 A 更勤奋。

找出 A、B、C 各属哪个部落，以及他们在这些测验中的名次。

262. 找出最优的策略

有一座 *100* 层高的大厦，你手中有两个相同的玻璃围棋子。从这个大厦的某一层扔下围棋子就会碎，利用你手中的这两个玻璃围棋子，找出一个最优的策略，来确定那个临界层面。

263. 男女散步

在路上有一对男女并排走过去。初看时，他们正好都用右脚同时起步。而后则因男士跨步大，女士走 *3* 步才能跟上男士走 *2* 步。试问，从都用右脚起步开始到两人都用左脚踏出为止，女士应走出多少步？

264. 升斗量水

一个长方形的升斗，它的容积是 *1* 升。现在要求你只使用这个升斗，准确地量出 *0.5* 升的水。请问应该怎样做呢？

265. 两道折痕

想把一张细长的纸折成两半，结果两次都没折准。第一次有比另一半长出 1 公分,第二次正好相反,这一半又短了 1 公分。试问,两道折痕之间有多宽?

266. 车费

一位马车夫拉着甲、乙两位乘客,两位乘客是往同一方向去的。走了 4 里路,甲下车了;又走 4 里路乙才下车。车费一共是 12 个铜钱。问:甲、乙各应分摊多少车费?

267. 钱到哪里去了

如果您细心阅读,就能够找出答案。

3 人进入旅馆。旅馆经理说每间客房需要 30 元一晚。于是,每人拿出 10 元后就进入客房。不一会儿,经理发现每间客房只要每晚 25 元,便吩咐服务生找还他们 5 元。途中,服务生正计算怎样把 5 元分给 3 个人。于是,他还每人 1 元而自己收 2 元。

这意味 3 人总共付 27 元的房租。加服务生的 2 元 =29 元。

那么,还有 1 元哪里去了呢?

268. 果酱

一家邮购公司销售果酱。每箱有 3 罐果酱,果酱共有葡萄、橘子、草莓、桃子、苹果 5 种口味。每罐果酱只含 1 种口味。必须按照以下条件装箱。

1. 每箱必须包含 2 种或 3 种不同的口味;

138

2. 含有橘子果酱的箱里必定至少装有 *1* 罐葡萄果酱；

3. 含有葡萄果酱的箱里必定至少装有 *1* 罐橘子果酱；

4. 桃子果酱与苹果果酱不能装在同一箱内；

5. 含有草莓果酱的箱里必定至少有 *1* 罐苹果果酱；但是，含有苹果果酱的箱里并不一定有草莓果酱。

题 *1*：下列哪一箱果酱是符合题设条件的呢？

（A）*1* 罐桃子果酱、*1* 罐草莓果酱和 *1* 罐橘子果酱；

（B）*1* 罐橘子果酱、*1* 罐草莓果酱和 *1* 罐葡萄果酱；

（C）*2* 罐草莓果酱和 *1* 罐苹果果酱；

（D）*3* 罐桃子果酱；

（E）*3* 罐橘子果酱。

题 *2*：除了一种情况，下列各个装箱均符合题设条件。这种情况是：

（A）葡萄果酱和桃子果酱；

（B）桃子果酱和苹果果酱；

（C）橘子果酱和桃子果酱；

（E）草莓果酱和苹果果酱。

题 *3*：下面哪一箱，加上 *1* 罐草莓果酱后便可符合题设条件？

（A）*1* 罐桃子果酱和一罐橘子果酱；

（B）*1* 罐葡萄果酱和一罐橘子果酱；

（C）*2* 罐苹果果酱；

（D）*2* 罐橘子果酱；

（E）*2* 罐葡萄果酱。

题 *4*：*1* 罐橘子果酱，*1* 罐桃子果酱，再加上 *1* 罐什么果酱，便可装成 *1* 箱？

（A）葡萄果酱；

（B）橘子果酱；

（C）草莓果酱；

（D）桃子果酱；

（E）苹果果酱。

题5：1罐橘子果酱再加上下列哪两罐果酱即可装成1箱？

（A）1罐橘子果酱与1罐草莓果酱；

（B）1罐葡萄果酱与1罐草莓果酱；

（C）2罐橘子果酱；

（D）2罐葡萄果酱；

（E）2罐草莓果酱。

题6：1箱符合条件的果酱，不能含有下列哪2罐果酱？

（A）1罐草莓果酱和1罐桃子果酱；

（B）1罐葡萄果酱和1罐橘子果酱；

（C）2罐橘子果酱；

（D）2罐葡萄果酱；

（E）2罐草莓果酱。

题7：1箱符合条件的果酱，不能含有下列2罐什么果酱？

（A）橘子果酱；

（B）葡萄果酱；

（C）苹果果酱；

（D）草莓果酱；

（E）桃子果酱。

269. 聪明的交易

在沙漠中，水源是十分珍贵的，就算是一升的水量，有时也会引起争斗。有一个水商用大皮囊装入25升水，行经沙漠时，碰到一位要买19升水的客人和一位要买12升水的客人。可分的水量不够卖给两人，只能卖给某一方，并且他希望在这酷热的沙漠中，尽快结束这项交易。假设水商由皮囊中倒出1升水需要10秒钟，那么他会卖给哪位客人呢？

270. 擦地板竞赛

A 与 B 经常在空手道场内，进行以抹布擦地板的竞赛。由于 A 动作较快，所以同一时间内他们速度的比为 5∶4。但有一次竟然为 5∶6。这是什么缘故呢？且两人的速度并未有所改变。

271. 4 匹马

墨西哥的乡村，至今还能看到拉着沉重货物的马和驴。有村民把A、B、C、D 4 匹马从 P 村拉到 Q 村。而从 P 村到 Q 村，A 要走 1 个小时，B 要走 2 个小时，C 要走 4 个小时，D 要走 5 个小时。现村民准备一次同时拉走 2 匹马，回来时还要骑回来 1 匹马。村民带 2 匹马过去，以走得慢的那 1 匹马所需要的时间作为 P 村到 Q 村的时间。据说，村民花了 12 个小时把全部马拉走了。请问，他是把这 4 匹马按什么顺序从 P 村牵到 Q 村的呢？

272. 作案时间

在案发现场，有一堆支离破碎的手表残物。从中发现手表的长针和短针正指着某个刻度，而长针恰比短针的位置超前一分钟。除此以外再也找不到更多的线索。可有人却从中想到了凶犯做案的时间。你说这个作案时间该是几点几分呢？

141

273. "廉价"文具

某种文具的价钱是：五个 *2* 元，五十个 *3* 元，而五百个、五千个、五万个都是 *3* 元，但是五十万个却是 *4* 元。你猜猜，这是一种什么文具？

274. 乔叟的难题

与朝圣者同行的乔叟本人，是数学家与沉思者，他惯于默不做声地前进，忙于思考自己的问题。"好朋友，我看你经常凝视地面，好像要找到一只兔子似的。"小旅店的老板嘲笑他。对于同伴们叙述历史的请求，乔叟报以长长的打油诗，歪改那个时代的骑士小说。*22* 行诗句之后同伴们谢绝他的吟诵，继续要求他讲讲故事。很有趣，在《神父的序幕》中乔叟提出了一个小小的天文学问题，用现代语言说起来大致是这样的：

"太阳从南方子午线降到那样低，在我视线的仰角中它不高于 *29* 度，我估计大约是午后 *4* 点钟，因为我的个子是 *6* 英尺高，而影子已拉长到大约 *11* 英尺。在同一时间月亮的高度（它位于天秤座）逐渐上升，当我们走上乡村西方的边缘时，它整个升起来了。"一个新闻记者读后曾不怕麻烦地算出，当地时间精确到 *3* 点 *58* 分，而那天按公历是 *4* 月 *22* 日或 *4* 月 *23* 日。这证明乔叟叙述的精确程度，因为"故事集"的第一行就提到，朝圣是在 *4* 月份进行，他们在 *1387* 年 *4* 月 *17* 日动身。

乔叟想出这个小难题并被感兴趣的读者记下，但他不愿向朝圣者朋友提出。他向他们讲的简单得多，可以把它称为一个地理问题。

"*1372* 年，"他说，"我曾以我们国家的使者的身份前往意大利，拜访了著名诗人弗兰齐斯科·彼特拉克,诗人亲自陪我游览一座山的顶峰。他提示我,在山顶上杯子里盛的液体比在山谷底杯子里盛的液体要少,我大为惊讶。请你们告诉我,为什么在山上可能有那样奇异的性质?"

275. 伙食经理的难题

一直走运的伦敦法官公寓的伙食经理,是朝圣者中的一员,他确是罕见的灵巧聪慧之辈。在他的公寓里住着 30 位候补公证人,尽管其中法学家大有人在,善于愚弄他人,但不论付现金或记账,老被伙食经理占得便宜。

朝圣者在一个村落停驻的时候,发生了这样一件事,磨坊主与织匠坐下来吃东西,磨坊主有 5 个大圆面包,而织匠有 3 个,伙食经理请求与他们分享点心。饱食之后,他拿出 8 枚钱币微笑说:

"请你们双方解决怎样公平分配点膳费,这是考查你们思维能力的一道难题。"

激烈的争辩,吸引着几乎所有朝圣者。管家与差役主张,磨坊主应得 5 枚钱币,织匠得 3 枚钱币;农夫提出荒谬的建议,磨坊主得 7 枚钱币,而织匠只得 1 枚钱币;粗木匠、牧师与厨师则认为,两人应平均分摊。他们都极力排斥别人的意见,最后,大家决定还是去问伙食经理,要他拿个主意。

那么,他是怎样主张的呢?

当然,刚才 3 个人分食的是同样多的面包。

276. 偷答案的学生

一天,在迪姆威特教授讲授的一节物理课上,他的物理测验的

143

答案被人偷走了。有机会窃取这份答案的，只有阿莫斯、伯特和科布这3名学生。

（1）那天，这个教室里总共上了5节物理课；'

（2）阿莫斯只上了其中的2节课；

（3）伯特只上了其中的3节课；

（4）科布只上了其中的4节课；

（5）迪姆威特教授只讲授了其中的3节课；

（6）这3名学生都只上了2节迪姆威特教授讲授的课。

（7）这3名被怀疑的学生出现在这5节课的每节课上的组合各不相同。

（8）在迪姆威特教授的课上，这3名学生中有2名来上课了，另1名没有来上课。事实证明来上这节课的那两名学生没有偷取答案。

这3名学生中谁偷了答案？

277. 共同分担家务

巴斯塔·琼斯夫妇新婚不久，各自都有固定的工作，所以两人一致同意共同分担家务。

为了公平地安排家务，两人把每星期家里必须做的各项家务列成一张表格。

巴斯塔对妻子说："我已划出一半的项目，亲爱的，剩下的那些家务该是你的了。"

珍妮特反对说："不，巴斯塔，我认为你这样分配是不公平的，你把脏活都推给我做，自己却拣轻松的事干。"

于是,琼斯夫人拿过了表格，把自己想做的家务事标上记号，但是，巴斯塔不同意。

正当他们争论不休的时候，门铃响了。进来的是琼斯夫人的母亲，"两个宝贝在吵什么呀？我一走出电梯就听见你们在嚷嚷。"

琼斯夫人的母亲听完巴斯特和她女儿说出的原因之后，突然笑了起来，"我正好想出一个好办法，我告诉你们怎样分配家务。保证你们两人都满意。"

史密斯夫人说："你们中的一个把这张表格分成两部分，当然你自己会乐于拿随便哪一份的。然后让第二个人挑取他（她）最愿意要的那一半。"

一年之后当琼斯夫人的母亲搬进公寓来住的时候，事情就不那么简单了。琼斯夫人的母亲同意承担 1/3 的家务劳动，但是他们无法决定如何在三个人当中公平地分配家务。你能给他们提出分配方案吗？

278. 尤克利地区的电话线路

尤克利地区现在已着手在安装电话，但是由于计划不周，进展比较缓慢。

直到今天，该地区的 6 个小镇之间的电话线路还很不完备。A 镇同其他 5 个小镇之间都有电话线路；而 B 镇、C 镇却只与其他 4 个小镇有电话线路；D、E、F 3 个镇则只同其他 3 个小镇有电话线路。如果有完备的电话交换系统，上述现象是不难克服的。因为，如果在 A 镇装电话交换系统，A、B、C、D、E、F 6 个小镇都可以互相通话。但是，电话交换系统要等半年之后才能建成。在此之前，两个小镇之间必须装上直通线路才能互相通话。

现在，我们还知道 D 镇可以打电话到 F 镇。

请问：E 镇可以打电话给哪 3 个小镇呢？

145

279. 聪聪与早早

有些商人把店铺名字起得很形象。我曾经见过一家肉店叫做"刀与肉"。在威尔士，我听说一家律师在招牌上写着"遗嘱·争辩"。不久前我又在报纸上看到一个管理钱财的人的名字叫"便士"。

提到报纸，使我想起我们当地以"聪聪"和"早早"这两个名字为荣的两个报贩。

在他们早晨送报的那条街上，两边的住户数是一样的。聪聪负责一边的送报任务，早早负责另一边的送报任务。聪聪从不早来送报，所以，早早每次都先从聪聪那一边开始替他先送 5 家，聪聪来了以后便从第 6 家开始送报。这时早早则到马路另一边从头开始他自己的工作。

尽管早早总是早早地送报，但他不聪明。虽然不早但却聪明的聪聪总是比早早快而多地完成自己的任务。然后，到大街另一边替早早送最后 9 家的报纸。

聪聪送报的户数要比早早多，到底多几户呢？

280. 袜子和手套

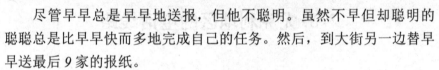

一个抽屉里有 10 双白袜子、10 双花袜子，另一个抽屉里有 10 副白手套、10 副花手套。现在要从中选出一双同色的袜子和一副同色的手套。

问：如果你闭着眼睛拿，至少需要从每个抽屉里取几只袜子和几只手套才行？

281. 7 位朋友

某人有 7 位朋友。第一位朋友每天晚上都去他家看他，第二位朋友每隔一个晚上到他家去，第三位朋友每隔两个晚上去他家串门，第四位朋友每隔三个晚上去他家做客。以此类推，直到第七位朋友每隔六个晚上在他家出现。

这 7 位朋友会时常在同一个晚上在主人家中碰面吗？

282. 古代名题求答案

孙膑，庞涓都是鬼谷子的徒弟；一天鬼谷子出了这道题目：他从 2 到 99 中选出两个不同的整数，把积告诉孙膑，把和告诉庞涓；

庞涓说：我虽然不能确定这两个数是什么，但是我肯定你也不知道这两个数是什么。

孙膑说：我本来的确不知道，但是听你这么一说，我现在能够确定这两个数字了。

庞涓说：既然你这么说，我现在也知道这两个数字是什么了。

问这两个数字是什么？为什么？

283. 100 枚金币的分配问题

100 枚金币 5 个人分，每人提出 1 种分配方案，条件是只要有一半或半数以上的人不同意这个分配方案，则提出分配方案的人就要被杀头，如何分配才能不死？分配的结果如何？

284. 男孩女孩

有一个大家庭，父母共养有 A，B，C，D，E，F，G 7 个子女，这 7 个孩子的情况是这样的：

1. A 有 *3* 个妹妹；

2. B 有 *1* 个哥哥；

3. C 是老 *3*，她有 *2* 个妹妹；

4. D 有 *2* 个弟弟；

5. E 管前面 *2* 个叫姐姐；

6. F 有 *1* 个弟弟。

根据以上的情况，你能知道这 7 个孩子中哪几个是女孩，哪几个是男孩吗？

285. 嘉利与珍妮

"我的卧室里有一条蛇！"

"快来呀，厨房着火了！"

"茜茜，你的孩子撞上汽车了，快去市中心医院！"

切莫惊慌，这一切也许都不是真的。事实上，如果这一天正好是 *4* 月 *1* 日，而你又住在英国，那么，几乎可以肯定它们都不是真的。因为在"愚人节"这一天，他们会跟你开玩笑、捉弄你呢！

这种风俗起源于 *1545* 年的一次不幸事件。一位叫卢夫·利尔波的挪威科学家，当时住在英国，正试图揭开飞行的奥秘。

这位科学家的行为有点古怪，但是，他毫无疑问是个聪明人。看

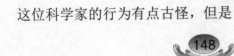

来他的飞行试验是成功的，因为国王收到了利尔波先生的一封信。在信中，利尔波先生声称，他已经揭开了飞行的秘密，并恭请国王在 *4月 1* 日驾临威斯敏斯特寺观看他的飞行表演。

于是，*4月 1* 日这一天，国王和政界的要员，都站在威斯敏斯特寺外的广场上，等待着利尔波先生从空中飞过。然而，他们什么也没有看到。利尔波倒不是存心开玩笑，他信上说的实际上是实话。他已经掌握了飞行的诀窍，他没有在威斯敏斯特寺露面的原因，是他的飞行器出了故障，撞在一棵树上，而他本人也不幸遇难了。这是科技史上的一个悲剧。

从那以后，英国就形成了一种风俗，把 *4月 1* 日定为"愚人节"。在这一天，人们常常用说假话的方式彼此戏弄。

几百年来，这种古老的风俗始终相延不衰，以至于在押的囚犯也被允许玩"愚人节"的把戏。

关押在"丛林"监狱里的囚犯，罪行大都比较轻微。嘉利与珍妮姐妹俩，一个因为偷窃超级市场的货物而被捕，一个则因为吸毒而被拘留，两人凑巧关在同一间牢房里。在愚人节这一天，姐妹俩约定：姐姐嘉利在上午说真话，下午说假话；妹妹珍妮在上午说假话，下午说真话。

嘉利与珍妮姐妹俩外貌酷似，只是高矮略有差别，简直分不清谁是姐姐，谁是妹妹。所以，当监狱的看守进牢房提审嘉利时，他也弄糊涂了。但是他知道在这一天姐妹俩的约定。

他问道："你们俩哪个是嘉利？""是我！"稍高的一个回答说。"是我！"稍矮的一个也这样回答。看守更加糊涂了。考虑了一会以后，他提出了一个问题："现在是几点钟呢？"稍高的一个回答说："快到正午 *12* 点了。"稍矮的一个回答说："*12* 点已经过了。"根据两人的答话，聪明的看守马上就推断出了哪个是嘉利。

请问：看守到牢房去是在上午，还是在下午？个子稍高的那个是嘉利，还是珍妮？

参考答案

1. 想要答对此题，关键在于把"6"看成"9"，这样很容易就可以看出来是"291"。

2. 按 $1+100=101,2+99=101,3+98=101$；……$50+51=101$ 的思路算，当然可以又快又准确地得出正确答案就是 5050 了。

3. 老汉是在除夕夜里丢的马，所以他说不是去年就是今年；丢的是一匹怀孕着的母马，所以他说不是一匹就是两匹。

4. 答案：钱并没有丢，仅是计算方法错误。店小二拿去的 20 文钱就是三个秀才总共支付的 440 文钱中的一部分。440 文减去 20 文等于 420 文，正好是旅店入账的金额。再加上退回的 30 文钱，正好是 450 文，这才是三人刚开始所支付的钱数。

5. 一共来了 6 个客人，27 颗水果糖。小红因为不是客人，所以小红没有参于分糖。

6. 把 102 改成 10 的 2 次方即 $101 - 10^2 = 1$。

7. 18 天。当小蚂蚁爬到第 17 天时就会爬到 17 米处，第 18 天就会爬到墙头上，这样就不会再下滑了，然后直接跳下去就可以回家了。

8. 因为前天是新年的前一天，刚刚过完 8 岁生日的壮壮，前天当然是 7 岁。他说的那天正好是新年的第一天，所以他并没有说谎。

9. 赔了。一般人可能会说他损失了 800 元的珍珠，找给客户的 200 元，与赔给商店老板的 1000 元钱，一共是 2000 元。其实，他只赔了 1000 元；当他拿那张空头支票换取了 1000 元现金时，是净利润，又付了 800 元的珍珠与 200 元的现金，这样算下来正好利润为 0。只有赔给商店老板的 1000 元才是他真正付出的。所以他只赔了被顾客骗走的 1000 元财物。

10.圈圈里填的数字：

⑨ － ⑤ ＝ ④

⑥ ÷ ③ ＝ ②

① ＋ ⑦ ＝ ⑧

11.第一题：上面三格从左到右依次为 4，9，2；中间三格为 3，5，7；下面三格为 8，1，6。第二题：上面四格从左到右依次为 15，10，5，4；中间四格为 6，3，16，9；接下来的四格为 12，13，2，7；最后四格为 1，8，11，14，

12.① 2+3 ×4+5 ×6+7×1=51。

② 5+6×7+1+2 － 3+4=51。

③ 6×7+1+2 － 3+4+5=51。

13.大伟 21 岁，小伟 11 岁。

14.88 ×8+8+88=800。

15.10 页。因为她每天只读 10 页就可以了，只有 9 月 5 日那天除外，之后的日子无论是哪一天当然还是每天读 10 页。

16.(9+9) ÷9=2。

17.因为是数学老师提出的问题，所以大部分学生都把问题局限于数学，数学中当然是不可能的。在生活和自然中就有这种可能出现，如钟表的晚上 8 点加上接下来的 6 个小时，这不正好就是第二天凌晨 2 点嘛！像这样的算法，生活中还有很多。

18.选 +29，×7， － 94，×4， － 435；(29×7 － 94) ×4 － 435=1。

19.第一步，将 10 斤酒倒满 7 斤的桶，再将 7 斤桶里的酒倒满 3 斤桶；

第二步，将 3 斤桶里的酒全部倒入 10 斤桶，此时 10 斤桶里共有 6 斤酒，而 7 斤桶里还剩 4 斤；

第三步，将 7 斤桶里的酒倒满 3 斤桶，再将 3 斤桶里的酒全部倒入 10 斤桶，此时 10 斤桶里有 9 斤酒，7 斤桶里只剩 1 斤；

第四步，将7斤桶里剩的酒倒入3斤桶，再将10斤桶里的酒倒满7斤桶；此时3斤桶里有1斤酒，10斤桶里还剩2斤，7斤桶是满的；

第五步，将7斤桶里的酒倒满3斤桶，即倒入2斤，此时7斤桶里就剩下了5斤，再将3斤桶里的酒全部倒入10斤桶，这样就将酒平均分开了。

20. 甲带的是100元、50元和10元的，共3张；乙带的和甲同样多，也是3张；而丙身上没带钱。

21. 从10个箱子中依次拿出1袋、2袋、3袋……10袋白糖，一共是55袋，将这55袋白糖一起放在天平上称。按标准重量算的话，应该有27500克，如果称出来的实际重量少了10克，那么不合格的产品就是第一个箱子，若是少了50克，那么就是第五个箱子，以此类推。

22. 山上有5只羊，山下有7只羊。

23. 先把啤酒瓶底的直径测量出来，这样就可以计算出瓶底的面积。在瓶中注入约一半的水，测出水的高度，做好记录；盖好瓶口后，把瓶子倒过来测量瓶底到水面的高度，做好记录。将以上两个做好的记录相加再乘以瓶底的面积便可知啤酒瓶的容积了。

24. 牛奶剩一半时重为1.5千克，牛奶总的重量为3千克，瓶子重量为0.5千克。

25. 新的号码是8712。

26. 13厘米。很多人认为是23厘米，其实是错误的，因为方静是从左到右摆放的，而书又是从左向右翻的，所以是13厘米。

27. 假设X为这个人所活的年龄，可列：1/7X+1/4X+5+1/2X+4=X；X=84，也就是说这个人活到了84岁。

28. 和尚出门前先把寺里的挂钟上满弦使之走动，并记住当时的时间，等到回来再根据时间计算路程所用的时间，将其一半的时间加上从施主家里所问的时间，就是正确的时间。

29. 事实上只要按遗书上的分法，分下来正好是23头，范大爷并没有把24头牛全部分给儿子们。

30. 小圆只知道点数，如果还不知道是什么牌，那只有一张的2、3、6、7、8、J、K是不可能的，那就只能在A、4、5、Q中选一张了。小方只知道花色，根据小圆的判断，那就不可能是黑桃与草花，那就只剩红桃A、4、Q和方块A、5。小圆根据小方的说法又判断是红桃4、Q或者方块5。这样推下来，那么就只能是方块5了。

31. 当冰融化成水的时候，体积就会减少1/12；

假设当体积为11立方米的水结成冰时，体积会增加为12立方米，而体积为12立方米的冰融化后会成为体积为11立方米的水，也就会减少1/12。

32. 排成六角形就会既整齐又美观了，3+4+5+5+4+3。

33. 6站。很多人会算有13人坐到终点站，其实最后问的却是停了几站，那么那些上车下车的人数也就成了多余的条件了。

34. 因为从始点到终点中间有一座桥，此桥只能一个人走，走完这座桥正好用一分钟，所以每多一个人就要多一分钟。

35. 猫能追上老鼠，猫跑60步就可以抓到老鼠了。

36. 如果一个问题从正面很难解决，不妨换个角度去考虑。在这100名士兵中，15人没有失去脚，20人没有失去手，25人没有失去耳朵，如人没有失去眼睛，这样加起来是90人，那就是说一定有10个人至少同时失去了一只脚、一只手、一只耳朵和一只眼睛。

37. 农场主自己有15匹；妻子有8匹；儿子有4匹；女儿有2匹；孙子有1匹。

38. 第一步，小刚和弟弟先过桥，然后小刚持灯再返回，共费时4秒；第二步，小刚同爸爸一起过桥，再让弟弟持灯返回，共费时9秒；第三步，让妈妈与爷爷一起过河，再由小明持灯返回，共费时13秒；最后，小明再次与弟弟一同过桥，共费时3秒，总共耗时29秒。

39. 一共有2519个人。

2519/3=839……2；

2519/5=503……4；

2519/7=359……6;

2519/9=279……8;

2519/11=229。

40. 24元。因为原来的一颗鸡蛋可卖到1/3元，鸭蛋可卖到1/2元。平均价格是每颗（1/2+1/3）÷2=5/12；如果混合起来，比以往的平均价格就会少5/12－2/5=1/60元。这样算来，60颗蛋正好少赚1元钱。

41. A士兵打的环数为200环；B士兵打的环数为240环；C士兵打的环数为180环。

42. A农场：马42匹；牛25头；羊16只。

B农场：马药匹；牛21头；羊14只。

C农场：马48匹；牛32头；羊10只。

43. 因为小花猫的速度始终不变，其间又用了10分钟的时间，这样就可以知道小花猫跑了5000米。

44. 一只。因为只有一只无法繁育。

45. 在这两次交易中，每次都赚了1万元，也就是一共赚了2万元。

题目的难易程度的定位有时不是别人而是自己。现在的你是否有一种不甘心的感觉，看到答案后才发现，原来是那么简单。没错，世上无难事，只怕有心人，只要用心去做，就一定会战胜它。休息一下，接着闯吧！

46. 唐僧分到了2个冰淇淋，猪八戒、孙悟空、沙僧每人分到了3个冰淇淋。

3×3+2=11。

47. 唐老鸭花了1.8元钱买了9个果冻。

48. 第一天吃了5罐，第二天吃了2罐，第三天吃了3罐。

49. 10分钟后孙悟空追上了猪八戒，孙悟空还是比猪八戒先到大雷音寺。

50. 6天。

51. 应该排成7个方队。每个主队由13行11列（或11行13列）

组成，13×11×7=1001。

52. 23 个。

53. 6 块金子。

54. 6 种，

55. 50 分。

56. 21.5 公斤。

57. 4 枝。

58. 720 米。300÷（120－70）×120=720。

59. 62 元。

60. 1。（8×8+8）÷8－8=1。

61. 64 条。

62. 100 米。

63. 分别是 11111 和 111105。

64. 红衣 20 件，黄衣 28 件，蓝衣 6 件，白衣 96 件。

65. 白鼠 70 只，黑鼠 45 只。

66. 长方形罐头重 90 公斤；正方形罐头重 60 公斤；圆柱形罐头重 30 公斤。

67. 哈莱金在打电话时做了点手脚。在通话时，哈莱金一讲到重点的话，就用手掌心捂紧话筒，不让对方听到，而讲到没有重点的话时，就松开手。这样，警方就听到了这么一段"间歇式"的情报电话："我是哈莱金……现在……皇冠大酒店……和目标……在一起……请您……快……赶来……"

68. 假如艾德加坐在椅子上对准自己的心脏下方开枪，那么他持枪的手就一定离膝盖不远。由于他当场死去，因此像他这样身材矮小的人不可能在枪击时把手抬起来放在桌子上。

69. 3/8。

70. 5 只大雁，队形是十字形的。

71. 小熊威克多摘了 150 千克；小狗史努比摘了 180 千克；小猫

乐米乐摘了 120 千克。

72. 最好的香蕉卖了 3 斤，最差的香蕉卖了 8 斤。

73. 19 名同学。

74. 2519 页。

75. 孙悟空 19 个，猪八戒 18 个，沙僧 8 个。

76. 乐米乐写了 97 个字，史努比写了 70 个字，威克多写了 35 个字，圣吉奥写了 62 个字。

77. 14 个。

78. 大和尚 25 人，小和尚 75 人。

79. 84 岁。

80. 有 13 人分 83 匹布。

81. (89+67) － (160 － 10) =6（个）。

82. (1+14) ×7=105（个）。

83. 1+ (1/5+1/15) =15/4（小时）。

84. 关羽 54 岁，张飞 45 岁。

85. 2×[(12×8 － 40) ÷0.2+1]=562 人。

86. 下午 2 点。

87. 是 14 千米。

88. 第一层原来有 144 本，第二层原有 183 本，第三层原有 123 本。

89. 12 只。

90. 180 个桔子，360 个苹果。

91. 5050。

92. 4 次。

93. 5 只鸡。

94. 苏东坡钓了 1 条鱼。

95. 左边取胜。

96. 文秀才、祝秀才、丁秀才各拿 10 两银子还给唐伯虎就行了，这样只动用了 30 两银子。如果按顺序还，要动用 100 两银子。

97. 米老鼠胜利。

98. 将遗产分为 7 等份: 儿子拿 4 份, 女儿拿 1 份, 母亲拿 2 份。

99. 137 个军营, 397 个士兵。

100. 从第一层到第九层依次为: 16、15、14、13、12、11、10、9、8。

101. 原有酒 7/8 斗。

102. 48 个星期, 他们在 12 月 2 日聚会。

103. 19 瓶。

104. 28 天。

105. 张飞亏了 8 两银子。

106. 31 场比拼。

107. 单峰驼 7 头, 双峰驼 8 头。

108. 120 名士兵。

109. 285311670611, 也, 11 的 11 次方,

110. 解决这个谜题的关键在于, 死者死后所经过的时间。

这也就是说, 在四个小时前, 凶案发生的时候, 正是在涨潮。海水一直拍打到凶案现场。

而凶手在被害者靠近水边时, 将他杀害, 然后就走在水上或游泳而去。

因此, 在退潮了之后, 当然是不会留下任何足迹。到现场时, 凶手也是使用相同的办法。

111. (1) 公鹅 4 只, 母鹅 18 只, 小鹅 78 只; (2) 公鹅 8 只, 母鹅 11 只, 小鹅 81 只。 (3) 公鹅 12 只, 母鹅 4 只, 小鹅 84 只。

112. 108 颗。

113. 30 吨。

114. 30 根。

115. 20%。

116. 19 只鹅, 每只鹅每天吃 17 条蚯蚓。

117. 他们各自划去的面积相等。

118. 4500 首诗。

119. （1）如果是偶数，左手就是奇数（5 两）；（2）如果是奇数，左手就是偶数（2 两）。

120. 每轮结束抢报 3 的倍数（3、6、9……30），让杜甫先报数。

121. 45 平方分米。

122. 6 名。

123. 6 名。

124. 6 枝。

125. 1+2+4+8+……+215=3276 元 8 角。

126. 高斯修桌子锯了 5 根，修椅子锯了 1 根，共 6 根，锯了 5 次，共损耗 2.5 厘米。43×5+37+2.5=254.5 厘米，这样做没有余料，最节省。

127. 110 岁。这里采用的是五进位制记数。

128. 把它们排成一行后，按顺序把 7 放在 10 上，把 5 放在 2 上，把 3 放在 8 上，1 放在 4 上，9 放在 6 上，这样成了 2、4、6、8、10 五堆排列。

129. 5 米。

130. 1841 年。

131. 大斧头 24 把，小斧头 48 把。

132. 大西瓜 11 元 1 个，巧克力 0.5 元 1 颗。

133. 300 公里。

134. 唐老鸭。唐老鸭骑完全程需要 2 小时 24 分钟，但米老鼠需要 2 小时 30 分钟。

135. 大本书 3 元一本，小本书 1 元一本。

136. 180 米。

137. 两条折痕相距 1 厘米。

138. 3 的 21 次方。

139. 6561 个。

140. 左手笼子有 3 只野兔 5 只野鸡，右手笼子有 4 只野兔 3 只野鸡。

141. 刀 15 把，剑 3 把，枪 2 把。

142. 大象 9 头，单峰骆驼 7 头，双峰骆驼 8 头。

143. 16 人。

144. 大将 1 人，中将 3 人，上将 10 人。

145. 98 把。

146. 25 块牛肉。

147. 10 支。

148. 阿凡提原来有 43 元，阿里巴巴原来有 21 元。

149. 唐老鸭重 93.4 斤，史努比重 95.2 斤，米老鼠重 89 斤。

150. 1.97 公斤米。

151. 皇帝召见老渔翁。老渔翁回答说："春天嘛，应吃鱼头。因为春天为一年之首，人得鱼首之力，身体哪能不壮！夏天嘛，吃鱼身。因为夏天炎热，人出汗多，全身容易发软乏力，吃鱼身最能补身子了。鱼膘呢，以秋天吃为好。秋天是结果的季节，而鱼膘是腹中之果，此时最为成熟，全身精华都在鱼膘。冬天应吃鱼尾，因为冬天是一年之末，寒气正盛，吃了鱼尾，可以驱散全身的寒气。"

皇帝和大臣听了都很高兴，渔翁得了 4 条渔船，回家去了。

老渔翁的回答，全是无稽之谈，不过是对皇帝和众大臣的嘲弄罢了。

152. "你说什么？那个摔死的可能是我的妈妈。"印度鸟说完，也一头栽倒在笼子里，再也不动弹了。

商人又吃惊又心疼："早知道这样，我就不替它带口信了。"商人一边自言自语，一边打开笼子把死鸟往窗外扔去。他刚脱手，鸟儿就"扑棱"一声，飞走了。

"哈哈，我的主人，你听我说吧！"印度鸟落在院中的一棵树上，嘲笑商人说："你以为我真的有口信要带吗？你以为我的同类真的死了吗？不，这都是我的脱身妙计呀！我要你带口信，是让大伙儿替我想个办法好脱身，我的一个同类假装昏倒，是要我如法炮制。好吧，可怜的主人，再见！"

153. 很幸运，一辆大型牵引式货车，与她的车同方向行驶。梅华躲在了大货车的阴影里，与货车并行，所以一点儿也没被晒着。

154. 被害人逃进卫生间后，把手纸拉出一段，用自己的血写下了凶手名字的大写首字母，然后再把手纸卷好。

这样即使凶手撞开卫生间的门，也不必担心那用血写的字母被发现。过后，谁用手纸时就会发现血书而报告警察的。

江户警部勘查现场时，没有检查手纸，这是个疏忽。

155. D 小姐接口说："写到这里，年轻的作者一把撕去稿纸。他不由得自言自语：'如此俗套无聊的老故事，怎么会出自我的手笔呢？'"

156. 在紧闭的浴室里淋热水浴，镜面必然被水蒸气弄模糊，根本无法看清一个人的脸。萨勒小姐在说谎，名画没有丢失。

157. 半年后，已是"三九"寒冬时节，湖面上结了厚厚的冰，穿上普通的布鞋当然可以在湖上行走了。

158. 盲人乞丐心里说："等着瞧吧！星期五咱们这里有集市，我到那里去唱一首歌，准能叫小偷把钱还给我。"他信心十足地走了。

星期五一大早，人们便从各处奔来赶集。盲人乞丐照例站在石头上唱了起来。这次他唱的歌跟往常不大一样。他唱道：

"在那秘密的地方，我埋了 100 枚金币。明天我还将去到那里，再埋上 100 枚金币。在那秘密的地方，我埋了 100 枚金币……"

盲人没估计错，那个偷走他金币的财迷也在赶集的人们中间。他一听到盲人唱这首歌，心想："怎么办？盲人明天去到那里，要是找不到他的金币，他就不会再把下一批金币藏到那里去了，我就会少得100 枚金币。"

他连忙跑回家去，把偷来的 100 枚金币拿来，重新埋到那棵老树底下，然后躲到附近的灌木丛中。

集会散了，人们走尽了，盲人便赶到老树这儿来。他弯下腰，像是把什么东西埋了下去，然后慢腾腾地走开了。

盲人一走，财迷便一个箭步窜到大树底下去挖钱。可是不管他怎么挖，也没找到一枚金币。聪明的盲人把金币转移到另一个更秘密的地方去了。

159.杰克决定烧起一堆火。他想，这样，有船在附近驶过，就会发现，我也就得救了。可是又一想，身边没有火柴，没有打火机，没有任何可以用来点火的东西，怎么烧起大火呢？他又陷入了绝望之中。后来，杰克在海边发现了一个漂来的小木盒，里面盛着一瓶酒和两个玻璃杯。他用玻璃杯作为取火镜，燃着枯草，生起了一堆大火。就这样，孤岛上的烟火把船吸引了过来，杰克得救了。

160.会说话的鹦鹉

B夫人教鹦鹉记住保险柜的密码，如B夫人忘了，鹦鹉记住后会反复学叫的。

强盗潜入屋内，在逗鹦鹉时无意中得知了保险柜的密码。

161.谍报员被关在新西兰。在北半球的夏威夷宾馆里，拔下澡盆的塞子，水呈顺时针方向旋转流进下水道。在这个禁闭室，水呈逆时针方向流下去。所以，谍报员判断当地是位于南半球的新西兰。

水的漩涡受地球自转的影响。北半球水的漩涡是顺时针旋转，南半球则相反。

162.不久，画家把这幅肖像画公开展览，并题名为《贼》。资本家知道后，万分愤怒，打电话向画家提出抗议。

"这事与你无关。"画家平静地答道，"你不是说那幅画上的人根本不是你吗？"

资本家没有办法，只得以双倍的价格买下了这幅画。

163.一休双手拍了两下，说："将军，这就是答案。"

"什么？"将军困惑不解。

"您说左手拍得响，还是右手拍得响？"

将军被难住了，只得说："这可无法分辨出来。"

一休于是说："将军，双层蛋糕的答案，也与此差不多。"将军不得不认输，并立即传唤家奴，摆出丰盛的宴席，招待一休他们。

164. 学者说："所谓不会被淹死之术，乃本家祖传秘方。请大家排成一行，卷起裤腿。"

众人听了，丈二和尚摸不着头脑，但都照令行动。

学者饱蘸朱红，在每人的小腿上划了一道线，然后说："要记住，你如果下水的话，千万不要让水超过这道线。"

165. 鹦鹉反复地说："我出1500""我出2500"原来，市场上那个同约翰抬价的，就是这只鹦鹉。

约翰生气了，喊道："你还会说别的吗？"

166. 狗抬起后腿撒尿，使梅格雷警官发现对方的真面目。因为抬后腿撒尿的狗是雄狗，显然他不是这狗的主人。狗亲近他，是因为他过去常到这户人家做客，这次他进入房子之前，又给狗吃了食物。

167. 不一会儿，海盗船靠近了，几个凶狠的海盗跳上船来，大声喝道："快把钱拿出来！"

村民齐声喊道："我们都是穷人，身边没带什么钱。"

海盗哪里肯相信，他们分头去搜村民的口袋。就在这时，他们发现彦一被捆绑在桅杆上，一脸苦相，还在掉眼泪。海盗觉得奇怪，便问道："这是怎么回事？"

村长害怕地回答说："这个孩子一上船就想偷我们的钱，幸亏被我们发觉了，要好好惩罚他。"

海盗问彦一："嗬，你比我们动手早啊？是不是这么回事？"

彦一哭丧着脸说："是的。我是个穷孩子，想要钱花，所以就向村民伸手了，谁知钱没偷到反被他们抓住了。求你们救救我吧！"

海盗不理睬彦一，他们分头去搜村民的口袋。谁知每人的口袋里只有一点儿零钱，加在一起还不到一两银子。他们当然不会去那搜个当"小偷"的彦一的口袋。这时天已亮了，海盗只好拿着搜到的零钱回到自己船上，溜了。

彦一以自己的智谋使村民免除了一场劫难。

168. 售货员很平静地回答："得了，先生。广告里车上还有个小孩呢，难道我们还要随车奉送吗？"

169. 蒂多公主和大家上岸后，向酋长买来一张野牛皮，用小刀把它割成细细的牛皮条，然后把这些牛皮条连接起来。接着在平直的海岸上，选好一点作圆心，以海岸线作直径，在陆地上用牛皮绳圈起了一个半圆来。

第二天，那位酋长前来一看，大吃一惊：自己部落的一半领土被蒂多圈了起来。诚实讲信用的酋长，只得表示同意，让蒂多公主和她带来的人，在这块半圆形的土地上生活下去。

170. 方法一：有 6 个小孩。

$3 \times 6 + 8 = 26$（本）每人 5 本，则 5 个小孩每人分得 5 本，最后一个小孩分得 $26 - 5 \times 5 = 1$（本）。

方法二：有 5 个小孩。

$3 \times 5 + 8 = 23$（本）每人 5 本，则 4 个小孩每人分得 5 本，最后一个小孩分得 $23 - 4 \times 5 = 3$（本）。

171. D

解析：题干中的一句话说："不可能是董事长一个人英明"，它是对命题的否定，推出一命题：可能不是董事长一个人英明。因此，选 D

172. 小箐用的时间最短，故而过桥是没有问题。可是爷爷用的时间最长，且灯只亮 30 秒与所有人用时之和相等，所以至少有一次两个人一起过桥，灯必须有一个人拿着来回送。显然让爷爷不可能，只有让小箐拿着灯陪其他人过去，这样就转换成了两人同时过桥问题了。所以让小箐背弟弟过去用时 1 秒，小箐再拿灯返回与陪妈妈过去，同样再与爸爸、爷爷一起过去。

173. 用尺子量出水杯的直径和液体的高度，液体形成的圆柱体，很容易算出其体积。把杯子倒放，瓶子里的空气形成另一个较矮高度的圆柱体，其体积也很容易计算出来。把液体和空气的体积相加，就得到了整个杯子的体积，即装满液体所占的比例了。

174. 思考这个问题时不能仅限于10个马圈，把9匹马放在1个马圈里，再在这个马圈的外头套上9个圈，这样每个马圈里就有9匹马了。

175. 因为你与你在镜子中的影像始终是平行的，即使将镜子转成任何角度，你的影子都不会与之同步的。

176. 先以蛋糕为中心切个平衡的十字，再从侧面对称切1刀，就成了均匀的8块蛋糕。

177. 首先我们从已知条件可知，这是一种属于关系，甲园鲜花全部属于乙园，乙园鲜花全部属于丙园，那么甲园中的鲜花全部也属于丙园。而丁园中的鲜花就不一定包含甲园或丙园中了。所以，可以判断出甲园中所有的鲜花都能在丙园中找到。

178. 由于总共有三种色彩的巧克力，所以要想抓取同一色彩的巧克力，那么一共抓取四次即可。

179. 第一步：先从这道题的题干出发，运用演绎推理的方法，王说这2000元是李捐的；李说这2000元不是自己捐的。这两种说法是互相矛盾的，所以可以排除王、李捐款。

第二步：可以由以上演绎推理出不是王、李捐的款，但真话是在这两个人之间的一人所说，那么张、赵说的就是假话。可以很明确地推断出是张捐的款。

180. 第一步：从题中甲、乙、丙的说法，以遛狗为假设命题。

第二步：假若第一个人说遛狗，就需要风大（逆命题是假命题）。

第三步：假若遛狗则气温不高（逆否命题是真命题）。

第四步：假若遛狗，则天气晴朗（逆否命题是真命题）。

第五步：可以很快知道第二个人说的天气晴朗是正确的。

181. 第一步：先仔细地看一下题干，然后看一下甲所说的脑筋急转弯的本质即是将毫不相干的事物联系起来，使之产生逻辑混乱而产生扭曲效果。毫不相干的事物联系与题干不符，所以排除甲的结论。

第二步：丙所说的脑筋急转弯必须要有丰富的联想力。题干中没有提到他的这一说法，所以结论错误。

第三步：丁所说的脑筋急转弯的充分条件是不对的，正常思维和健康心理是必要条件，并不是如他所曲解出的结论。

第四步：最后，可以明确得出乙所说的结论是正确的。

182. 第一步：因为是三个班级进行的比赛，每两个班级进行的比赛最多共 3 场。

第二步：再根据三（1）班得 8 分，三（2）班得 2 分，三（3）班得 22 分，可以演绎出三（1）班和三（2）之间没有进行比赛。

第三步：假若三（1）班和三（2）进行了比赛，如果三（1）班胜，应得 10 分；如三（2）班胜，应得 10 分；如两班平，应各得 5 分。这于上述条件不符合。

第四步：这三个班共进行了 2 场比赛。

183. 第一步：赵认为 D、E 都不可能取得冠军，那么他认为的冠军只能是在 A、B、C 或 F 中。

第二步：王认为冠军不是 A 就是 B，但不可能是 C、D、E、F 中的任何一个。

第三步：孙认为绝不是 C，那么只能是 A、B、D、E 或 F 可能是冠军。

第四步：最后只有一个人的猜测是正确的，200 米蛙泳决赛的冠军可能是 C 或 F，所以赵的猜测是正确的。

184. 第一步：基于已知内容，可以做出四组判断：

A 韩、意，B 美、意，C 中、美，D 中、意；

A 韩、美，B 韩、意，C 中、美，D 韩、中；

A 韩、美，B 美、意，C 中、美，D 中、美；

A 韩、美，B 中、意，C 美、意，D 韩、意。

第二步：看清题干并注意第二条规则，韩语和美语不能同时由一个人说。那么很明确的后三种推测都是错误的。

第三步：只有第一种观点A韩、意，B美、意，C中、美，D中、意是正确的。

185.先闭上眼睛然后睁开眼睛。闭上眼睛肯定其他人都不知道你做的什么动作了，即使睁开眼又怎么去模仿呢？

186.第一步：从上述①和③可以演绎出王不会单独作案。

第二步：可以由②不伙同赵，孙决不会作案，可以得出赵不作案，孙也决不会作案。

第三步：由以上得出的结论是只有王作案，显然是自相矛盾的。

第四步：赵肯定作案，那么第一种推断便成立了。

187.珠宝在黑盒子里面

红盒子与黄盒子上面写的话显然是矛盾的。黄盒子里面肯定没有珠宝，但是红盒子却实没有。那么珠宝肯定在黑盒子里面了。

188.按要求即每一名选手都要和其他五名选手比赛，国际乒乓球特级大师与另三名国际乒乓球大师和二名国际乒乓球特级大师，全部胜出则得分为7分，但是输了两场扣除4分，最后他将获得3分。这是一个极限问题，其余情况下不会多于3分，所以他最高可获得3分了。

189.只有一种方法。因为选择的四名队员至少两名右手执拍，A又不能被选入，只能选择B和C。另外两名队员就从O、P、Q、R中选出。又知四名队员可以相互配对，而B不能与O配对，C不能与Q配对，P不能与O或Q配对，那么只能选择P和R。这四名队员就是B、C、P、R。

190.丙断定属实，陈经理的服装集团产品质量过关。都不过关有观点不属实，看来强调还是强调过关的集团，只有丙的说法还是比较实际。

191.从爷爷左边开始，依次为：妈妈、姐姐、弟弟、爸爸。

192.A要想推出"小红是经理"，我们首先要看一下"如果小绿是经理或小红不是经理，那么，小黑是经理"这个真命题的逆否命题：如果小黑不是经理，那么小绿不是经理而且小红是经理。因此，选项

A就能充分保证"小红是经理"的结论成立。

193.什么都看不到。镜子可以显现人的影像，这是利用光的反射原理，然而当你走进这样一个没有任何光线却布满镜子的小屋，当然什么都看不到。

194.想像一个人在这样寸草不生的荒岛上不吃不喝地生活10天，体重肯定会有明显下降，正好此时吊桥可以承受他的体重了，所以他就很幸运地到达河对岸了。

195.我们可以想一想题干想说而未说的意思是什么。通过这段文字我们来看一下文章背后的思想。

第一步：看前两句，因为"消费者不知道这两种电池在寿命上的差异"，也就是说信息的不完全可以导致市场失效。

第二步：由以上可以明确得知，作者对"不完全信息"的现象持反对态度。显然，作者认为生产厂家必须在商品上标明完整的有关信息，只有这样，才能使购买者对商品有了知情权，进而改变不完全信息导致市场失效状况。

第三步：通过以上可知①③④与作者的用意不符，可以排除。

所以，只有②项"厂家在商品标签上应标明有关产品的成分、功能和生产日期"，要求生产厂家公布商品信息，最符合作者的真正用意。

196.篮球教练的话就是要让我们从所有赢家都是勇敢者进而推出所有输家都是懦弱者。

第一步：甲所说的篮球场上勇敢者必胜，支持了教练的论证成立。

第二步：乙所说的球迷都具有区分勇敢和懦弱的准确判断力，并没有明确地支持赢家都是勇敢者这一观点。

第三步：丙所说的球迷眼中的勇敢者不一定是真正的勇敢者，此话否认了赢家都是勇敢者这一观点。

第四步：丁所说的输赢不是区别勇敢者和懦弱者的唯一标准，这句话同样否认了赢家都是勇敢者这一观点。

所以，要想使教练的论证成立，甲的说法是必须正确的。

197. 第一步：由第一句可知 B>A>C。

第二步：由第二句可知 D<C<B。

第三步：结合前两步可以得知 B>A>C>D。

第四步：由第三句可知 B>E>D

第五步：要推出甲的分数比 A 的分数低，也就是 A>甲，只需将各项代入后即可得出。

所以，③的说法可以明确得知甲的分数比 A 的分数低。

198.仔细地看过题干论证，用演绎推理的方法一步一步解读甲、乙、丙、丁四个人的论断。

第一步：甲所持有的说法是病人自己能察觉，那么也就是说没必要去医院检查。

第二步：乙所持有的说法是病人自己虽不能察觉，但医院可以，那么也就是说要去医院检查。

第三步：丙所持有的说法是如果病人身患严重疾病，只有经过彻底检查才能发现，那么也就是说去医院检查的必要性。

第四步：丁所持有的说法同样也是有必要去医院检查。

所以，通过分析可以看出，只有甲明确说明"确实不要检查"，所以甲的说法不能削弱上述论证。

199.丁的说法正确。首先，假设这个技术员是从不自己学习的人，而陈述表明不给自己传授技术的人都来找技术员学习，结果是技术员给自己学习，与假设不符，所以假设不成立。

其次，再假设技术员给自己学习，又与陈述"只给所有不给自己学习的人教授技术"矛盾，假设亦不成立。所以，丁的说法是正确的。

200.甲的说法不正确。首先，我们看一看甲的说法，假设红桃、黑桃、梅花三种牌的张数分别是：6、6、8，就很容易的推翻了甲的说法。

其次，魔术专家总共放了红桃、黑桃、梅花20张牌于桌子上，如果其中有两张总数超过了19，也就是达到了20张，那么另外一种牌就不存在了，这与题中所说的自相矛盾，由此可以说明丙的说法是正确的。以此可以推出乙的说法也是正确的。所以，甲的说法是不正确的。

201. A 根据条件（2）：小红不一定考上，这预示着她可能考不上；根据条件（4）：并非小红可能没考上，这句话说明小红必然能考上。所以由此看出两者矛盾，必有一真一假。

剩余条件（1）（3）也必有一真一假。假设条件（3）真，则条件（1）也真，这与题意不相符，所以条件（3）假，于是推出条件（1）真，再推出条件（4）真：小红考上了，小楠没考上。

202. 第一步：从题中我们可以先列出四个答案，甲上了富县，乙上了穷县，丙上了不富不穷的县；甲上了穷县，乙上了富县，丙上了不富不穷的县；甲上了不富不穷的县，乙上了富县，丙上了穷县；甲上了不富不穷的县，乙上了穷县，丙上了富县。

第二步：从三个猜测都只对了一半我们可以推出，甲上了富县，乙上了穷县，丙上了不富不穷的县。如果这项是正确的，那么，就意味着甲的猜测"甲上了富县，乙上了穷县"全部正确，与题意不符，由此排除这项。

第三步：甲上了穷县，乙上了富县，丙上了不富不穷的县。如果这项是正确的，那么，就意味着甲的猜测"甲上了富县，乙上了穷县"全部错误。此与题意不符，由此排除这项。

第四步：甲上了不富不穷的县，乙上了富县，丙上了穷县。如果这项是正确的，那么，就意味着丙的猜测"甲上了不富不穷的县，乙上了富县"全部正确了，与题意不符，排除此项。

第五步：那么只有最后一项是正确的。

203. 第一步：摄影师问的1+1=3肯定不对，对于前半个问题，爱说实话的人回答是否定的，假话的人应该是肯定的。

第二步：对于后半个问题，要是左边的路真是通向机场的路，则两人都没法回答，所以左边的路不是通向机场的路。

第三步：又说摄影师毫不迟疑地走上了左边这条路，到达了机场，因为今天是愚人节。

第四步：即1+1=3错，左边的路不是通向机场的路。

第五步：两个人的回答应该："一个说是，一个说不是。"

204.应该至少是三个人戴着黑帽子。

第一、若A、B是黑帽子，第二次关灯就会有人打耳光。原因是A看到B第一次没打耳光，就知道B也一定看到了有带黑帽子的人，可A除了知道B带黑帽子，其他人都是黄帽子，就可推出他自己是带黑帽子的人。同理B也是这么想的，这样第二次熄灯会有两个耳光的声音。

第二、若A、B、C是黑帽子。A第一次没打耳光，因为他看到B、C都是带黑帽子的；而且假设自己带的是黄帽子，这样只有B、C戴的是黑帽子；按照只有两个人带黑帽子的推论，第二次应该有人打耳光，可第二次却没有……于是他知道B和C一定看到了除B、C的其他人带了黑帽子，于是他知道B、C看到的那个人一定是他，所以第三次有三个人打了他们自己一个耳光。

205.从杰克的猜测中，我们可知只有"汤姆斯买的肯定不是丰田车"这种猜测是正确的，那么他买的就只能是本田或奔驰。吉米应该买的不是奔驰，只能是丰田或本田，那么吉米买的是丰田车，瑞恩买的是奔驰车，汤姆斯买的是本田车。

206.只可以推测出A是B的妻子。

207.A是天津医生，B是辽宁教师，C是深圳技师，D是上海技师，E是重庆教师，F是北京医生。

208.根据题意，我们可以推断一下：

①若乙是对的，那么己也是对的，与"只有一人说真话"相悖，乙、己都是错的，那天不是周三。

②若戊是对的，那么丁也是对的，这就不可能了，所以戊都是错的，今天不是星期五。

③若甲是对的，那么庚也是对的，所以甲是错的，今天不是星期一，同理乙也是错的，今天不是星期二。

所以丁一定是对的，庚是错的，那么今天一定是周日。

209. A的休息日比C的休息日晚一天，所以C在周六之前，而B的休息日比G的休息日早三天，所以B在周四之前。

由以上可知C的休息日不在周六就在周五，B的休息日不在周三就在周二；但若B的休息日在周三，那么C的休息日就在周五，这时A的休息日和G就重复了。所以B的休息日在周二休息，依次可以推出：

C在周六休息；

G在周五休息；

A在周日休息；

F在周四休息；

E在周一休息；

D在周三休息。

210. B不是科学家，因为若B是科学家，那么C也是科学家，与只有一人是科学家相悖，所以B预言是错的。C也不是科学家，所以C预言也是错的，D会成为演奏家，那么D不是科学家，D的预言也是错的。那么只有A是科学家，B不是舞蹈家，那么B就是思想家，剩下C是舞蹈家。所以A是科学家，B是思想家，C是舞蹈家，D是演奏家。

211. 首先让爸爸和小强过河爸爸返回，爸爸和妈妈过河妈妈返回，警察和罪犯过河爸爸返回，妈妈和爸爸过河妈妈返回，最后妈妈和女儿过河。

212. 看题中前提所说的："前两个人的为假，后两个人的为真。"那么也就是（1）（2）是假的，（3）（4）是真的。

第一步：由（1）中所说的"如果赵没有被录用，那么王就被录用"这个判断是假的，根据"负命题等值转换"，可以得出赵和王都未被录用。

第二步：由以上得出的推论可知，甲、丙、丁三人的说法是错误的。

所以，乙所说的赵和王未被录用，孙和李被录用。最符合题干中的论断。

213. 第一步：在①和②的说法中，可以明确判断出此句与题意丝毫没有关联。

第二步：在③的说法中，另外的挪威城镇没有因石油而繁荣，所以暴力犯罪和毁坏公物事件没有增加，进而可以推断出如果某些挪威城镇因石油而繁荣，那么暴力犯罪和毁坏公物事件会增加。

所以，③的说法中是对上面的论证给予最强的支持。

214. 她应该指着其中一人，去问另一个人：他会告诉我哪道门通往人间呢？那人没有指的门就是通往人间的门。

如果那人说的是真话，那么他指的那道门就通向地狱如果是说假话的话，那么这位仙子就该走另一扇门啊。

215. A 晶莹，B 莹莹，C 晶晶。

A 说 B 叫晶晶，这样，无论 A 说的是真话还是假话都说明 A 不会是晶晶。因为他要说的是真话，那么 B 是晶晶，如果他说的是假话，那么说假话的不会是晶晶。

而 B 说自己不是晶晶，如果是真话，那么 B 不是晶晶，如果是假话，那么说假话的 B 当然也不是晶晶。

由此可见叫晶晶的只能是 C 了。

而 C 说 B 是莹莹，那么 B 一定就是莹莹了，所以 A 只能是晶莹。

216. 从已知可以推测出他们的座次从甲太太向左依次为：甲太太，甲先生，丙女士，乙女士，乙先生，丙先生，丁女士，丁先生。所以，应该是丙夫妻被隔开了。

217. 甲和 A，乙和 C，丙和 B。

218. 应该是第一项不支持。绝大多数中小学生观众并不是因为票价优惠才选择去奥斯卡电影城看电影的，跟电影城的优惠政策没有关系。所以不能说明上述的现象。

219.②存在某一时刻有人可能不受骗，这一项是不正确的，李局长的意思是说人都可能受骗，而这项的意思就与之相悖了。

220.第一步：由以上A市和C市的天气相同，B市和D市当天没有雨，可以得知4个城市只有3种天气情况。

第二步：题干中所说的A市和C市的天气相同，所以当B市和D市当天没有雨时，可以推知B市和D市的天气不是多云就是晴。

第三步：由以上可知，4个城市有3种天气情况，即知B市和D市的天气不是多云就是晴。那么，甲所说的A市小雨和丙所说的C市晴，必有一人是错的。

第四步：由上一步可知，B市和D市的天气不是多云就是晴，可演绎出A市和C市的天气一定有雨。

第五步：甲所说的A市小雨、乙所说的B市多云和丁所说的D市晴，三人对城市天气的推断是正确的。

第五步：丙所说的C市晴是不合题干之意的，是错误的。

221.乙的分配最符合题意。

第一步：甲的说法"赵、王、刘三人去"，很明显这与④所说的"王、孙两人都去或都不去"相互矛盾，所以甲的分配不合题意。

第二步：丙和丁所说的与上述所列的③所说"赵、钱、刘三人中有两人去"相互矛盾，所以丙和丁两人的分配也不合题意。

第三步：乙所说的"赵、王、孙、刘四人去"，与上述所列的人选配备注意事项都符合，所以乙的分配最符合题意。

222.仔细读题后，开始分步答题。

第一步：用演绎推理的方法做一个假设，甲说的是假话，那么乙、丙、丁说的话互相证明自己都不会踢足球。

第二步：乙说的是假话，丁会踢球。那么，甲、丁的话自相矛盾，两者必有一假，假设不成立。

第三步：丙说的是假话，还是会踢球的多。那么，甲、乙矛盾，假设不成立。

第四步：丁说的是假话，那么乙会踢球。那么，甲、乙矛盾，假设不成立。

所以，甲说的俱乐部的队员都会踢球是假话，丁说的话为真话。

张记者的第一种推断是正确的。

223. 把 10 筐苹果按 1—10 编上号，按每筐的编号从里面取出不同数量的苹果，如编号为 1 的筐里取 1 个，编号为 5 的取 5 个，共 (1+10)×10÷2=55 个。如果每个苹果的重量都是 1 斤，一共应该是 55 斤。由于有 1 筐的重量较轻，所以不可能到 55 斤，只能在 54—54.9 斤之间。如果称量的结果比 55 斤少 x 两，重量较轻的就一定是编号为 x 的那筐。实际上，为了称量的方便，第 10 筐的苹果也可不取，一共取 45 个，最多 45 斤。如果称得的结果正好是 45 斤，说明第 10 筐是轻的。否则，少几两，就是编号为几的那筐的苹果是轻的。

许多人开始都以为此题无解，告知其答案后认为很合理。

224. 只要你能想到天平两端都可以放砝码，问题就不难了。所需要的砝码是：1 克、3 克、9 克、27 克。例如：被称量物体加 1 克砝码与 9 克砝码相等时，被称量物体的重量为 8 克，也就是等于两个砝码的差。这种方案理论是可行的，但实际中并未被采用，因为应用比较麻烦（需要做减法运算）。

225. 先在天平的两边各放 4 个零件，如果天平平衡，说明不合格的零件在另外的 5 个零件里，再称两次不难找到这个坏的零件。如果不平衡，说明不合格的零件在这 8 个零件中，此时要记住哪些是轻的，哪些是重的。剩下的 5 个零件是合格的，可以做为标准。然后把 5 个合格的零件放在天平的左端，取 2 个轻的零件，3 个重的零件放在右端。此时如果右端低，说明坏的在重的 3 个零件里，一次即可称出。其他情况比较简单，这里不再赘述。

226. 不能简单地认为王应得 5 元，李应得 4 元。不加分析而想当然办事往往容易出错。我们应该知道，王、李两人所做的工作中，除了帮张，还有他们自己的任务。很明显，每人的工作量为 3 小时。王帮张干了 2 小时，李帮张干了 1 小时，王帮张的工作量是李帮张的 2 倍，得到的报酬当然也应该是李的 2 倍。因此，王应得 6 元，李应得 3 元。

227. 这个问题看起来比较复杂，我们先来分析一下规律。①"剩下"的人是逐渐向中间靠拢的；②第一次剩下的运动员的编号能被 2 整除，第二次剩下的运动员的编号能被 4 整除，第三次剩下的运动员的编号能被 2 整除……第 N 次剩下的运动员的编号能被 2 的 N 次方整除。最后剩下的运动员的编号能被 32 整除，即最后剩下的运动员的编号是 32 号。

228. 如果不加思索，很容易得出 1/2 的结论，但这个结论是错误的。这里的关键是住 1 楼的人不需要爬楼梯。如果你想上 3 楼，需要爬 2 层台阶，而绝不是 3 层，想上 6 楼，要爬 5 层台阶而不是 6 层。所以正确答案为 2/5。

229. 乍一看好像只有不同点，没有相同点。其实只要你善于寻找，相同之处还是不少的，这是一种能力的培养。现举数例：①都是阿拉伯数字；②都是 4 位数；③都是正数；④都是整数；⑤相邻两数的差相等。

230. 此题最好用解"不定方程组"的方法，否则只能用"试探"法。设"葡萄""迎春"各买 1 盒，剩余的钱全部买"哈尔滨"，一共可买 10 盒。再设"迎春""哈尔滨"各买 1 盒，余钱买"葡萄"，一共可买 12 盒，也就是说，顾客最少可以买 10 盒，最多可以买 12 盒。我们先看看买 10 盒的情况，设"哈尔滨""迎春""葡萄"分别买 x、y、z 盒，可列出不定方程组：

$29x+27y+23z=300$ ①

$x+y+z=10$ ②

由②解出 $y=10-x-z$ 代入①后整理得：

2z=x－15 ③

∵ x ≤ 8，z ≥ 1

∴ ③式无解

将②式的 10 改为 11，最后整理得：2x=3+4z，左边为偶数，右边为奇数，无解。最后，再将 11 改为 12，经整理得：2z=12+x，设 x=2（只能取偶数），得 z=7，y=3，再设 x=4，得：z=8，y=0，不合要求。x 不可能再大，因此答案只有一个，即：

"哈尔滨"买 2 盒，"迎春"买 3 盒，"葡萄"买 7 盒。

231.赔了 10 元，即一张假币的面值。许多人猜此题时都把问题搞复杂了，反而把结果弄错。

232.许多人对此类问题无从下手。我们把这个问题转化成数学题就是：有一个数，分别用 3、4、5 去除，结果都余 1，求这个数。看起来好像很难，如果换个说法，就容易理解了：有一个数，减去 1 就能同时被 3、4、5 整除。显然，任何 3、4、5 的公倍数加 1 都是这个问题的解，最小的解是 61，往下是 121、181 等。问题中挎筐的是一位老太太，因此鸡蛋不可能很多，故可认为是 61 个。

233.如果你想求出鸽子每次飞行的距离，那就把问题复杂化了，因为兄弟二人的位置一直在变化，他们之间的距离也是在不断地变化（缩小），你很难求出结果。其实这个问题并不复杂，因为鸽子是连续飞行的，只要求出飞行时间就能求出飞行距离，飞行时间就是弟弟骑车追上哥哥的时间，这是很容易求的。答案是 25 公里。

234.这类题最好用倒推法。因为最后一头牛也没剩，可以肯定是杀了一头。按遗嘱要求，女儿只能分 2 头，才能剩下 1 头。按同样的思路分析可以得到结果：儿子分 8 头牛，妻子分 4 头牛，女儿分 2 头牛。

235.10 分钟。这时公马跑了 4 圈，母马跑 3 圈，小马跑 2 圈。请你再想想看，如果公马 10 分钟能跑 6 圈，母马能跑 4 圈，其他不变，答案又是多少？

236. 如果你以为青蛙每天净爬 1 米，需要到 27 号才能爬到井上，那就是犯了想当然的错误。1 号这天，青蛙净爬 1 米，那么 2 号就是从 1 米开始爬的，依次后推，可以想到，25 号是从 24 米开始爬的。因为白天可以爬 3 米，到晚上就爬到井上了，不会再"下滑"了。

237. "6"去了"头"，"9"去了"尾"都是"0"，"8"从中截断是两个"0"，因此这个人一条鱼也没钓到。

238. 解法一：设啤酒买 x 瓶，饮料买 y 瓶，根据题意得：

17x+7y=99，两边除以 y 的系数 7 得：2x+3x/7+y=14+1/7 移项整理得：2x+y − 14＝（1 − 3x）/7   ①

∵ x>0，y>0

∴ （1 − 3x） <0

∴ 2x+y<14，x ≤ 6。

∵ ①式的左边是整数

∴ 右边也是整数。

在 1 ≤ x ≤ 6 的范围内，只有 x=5 满足条件，故得 x=5，y=2。即啤酒买了 5 瓶，饮料买了 2 瓶。此解法比较严谨。

解法二：因为 17×6>99，所以啤酒最多买 5 瓶。不妨先假定啤酒买 2 瓶，于是饮料必然买 9 瓶，此时共需花 9.7 元，余 0.2 元。如果多买 1 瓶啤酒，就要少买 3 瓶饮料，并余 0.4 元；如果多买 2 瓶啤酒（即买 4 瓶），就要少买 6 瓶饮料，并余出 0.80 元，加原来的 0.20 元共余 1 元，正好是 1 瓶啤酒与 1 瓶饮料的差价，即再多买 1 瓶啤酒，少买 1 瓶饮料，正好是 9.9 元。此解法用的是试探法，只要具备小学的数学知识就可以。

239. 他这样分析：如果我和第二个人戴的都是黑的，后边的人马上就能知道自己帽子的颜色，但他没有回答，说明我和第二个人至少有一个人的帽子是白色的。如果我戴的是黑帽子，由于第三个人没回答，第二个人很快就能推断出他戴的是白色的帽子，但他也没有回答，说明我戴的不是黑色的帽子。

240.其中一个学生（不妨设为甲）这样想：假设我戴的是黑帽子，另两个学生看到后，都会做这样的推理（先假设为乙）：一共只有两顶黑帽子，甲已经戴了一顶，如果我戴的是黑帽子，丙看到我和甲戴的都是黑帽子，他立刻就能说出自己戴的帽子是白色的。丙既然在犹豫，说明我和甲之中至少有一个不是戴黑帽子，但甲戴的是黑帽子，因此我戴的一定是白色的，因此乙很快就能判断出自己戴的帽子的颜色。但乙也在犹豫，说明我戴的帽子不是黑的。因为这三个学生都做了同样的推理，因此都答出了正确的结果。（解此题需要有较强的思维能力，有些人可能一时看不懂答案，也属正常，不要自卑）

241.先把瓶子口朝上量出里面药水的容积，此容积设为 V_1，再把瓶子倒过来，此时瓶子里药水的容积仍为 V_1，而上部的容积可以从刻度上看出来，设为 V_2，则瓶子的容积等于 V_1+V_2。

242.栽成一个五角星的形状☆，5个顶点和5个交点各1棵。

243.一般可以切成14块。方法是：从上向下两两相交切3刀，每刀之间约成120度角。这样可切成7块（当中有1块）。再从中间横切1刀即可。据说最多可切成15块，感兴趣的读者不妨试试。

244.其实上船的就是6个人，船家当然不会阻拦。孩子的概念是相对的，这是祖孙三代。

245.张师傅在家把挂钟上好弦，临走时看一下时间，设为 t_1。张师傅到李师傅家后立即先看一下时间，设为 t_2。张师傅走时再看一下时间，设为 t_3，这样他就可以知道在李师傅家呆的时间为 $t_3 - t_2$。

张师傅到家后立即看一下时间，设为 t_4，可以求出在路上的时间为 $(t_4 - t_1) - (t_3 - t_2)$ =t。因此可求出当前时间 Time=t÷2+t_3。

246.因为马车的速度只有自行车的一半，当马车走完一半的路程时，自行车恰好走完全程。因此，无论火车的速度有多快，也要落后。

247.选贴有"1个红球、1个篮球"的盒子，如果摸出的是红球，说明这个盒子里装的一定是2个红球。贴有"2个篮球"的盒子里面装的一定是1个红球1个篮球，另一个盒子里装的一定是2个篮球。

如果摸出的是篮球, 情况正好相反。

248. 石块在盒里排开的水的体积, 是与石块同重量的水的体积。把石块从盒里拿出来, 所排开的水的体积, 只是石块的体积。显然, 前者的体积大于后者, 因此水面会下降。

249. 如果按每排 10 个圆球的方法排列, 显然只能排 10×10=100 个。看起来似乎排列得很紧密, 其实这种排列法并不是最理想的, 因为相邻 2 排球的中间有很大的空隙。设法减少这些空隙, 就能多放一些球。减少空隙的方法是: 将相邻 2 行互相错开排列, 具体做法见右图。虽然有 4 行各少了 1 个圆球, 但却多出一行圆球, 所以比 10×10 的排法能多出 10 − 4=6 个。

250. 此题分析起来比较复杂, 故仅给出结果: 第一名: 丁; 第二名: 乙; 第三名: 甲; 第四名: 戊; 第五名: 丙。

251. (1) 一只没有, 其余的都飞了。

(2) 10 条, 死鱼也是鱼。

(3) 不一定。如果是沿着对角线切, 就剩三个角; 如果从某一个角向对边切, 则剩四个角; 如果是从某一边向相邻边切, 则剩五个角。

(4) 9 人, 总共 11 人。题中的前、后和中间都是相对的。

(5) 一个也不用, 两个人面对面即可。

(6) 还有 4 个, 这是 1 个人捉 9 个人的游戏。

(7) 不可能, 半夜不会有太阳。

(8) 三个字, 分别是: 国、际、歌。

252. A 是星期日, B 是星期二, C 是星期六, D 是星期三,
E 是星期一, F 是星期四, G 是星期五。

253. A 的生日是星期一; B 的生日是星期四; C 的生日是星期三。
D 的生日是星期日; E 的生日是星期二。

254. 先看 E 的话, 如果是对的, 那么其它人都应当说……
再看 B 的话, 如果…… (注意: 黑牌者的话不会是正确的),
再看 A, 再看 C、D 必然是……

A、B、E是黑牌。C、D是白牌。

255.先确定每个人的结论，分别是什么……

A：星期一；B：星期三；C星期二；D：星期四、五、六、日：…

看星期几被两个人以上所肯定，星期几只有一个人认为是对的？

正确答案是星期日。

256.分别列出第一名可能是那些人（不是C，也不是D、A、B）；第二名有可能是那些人；再根据相互关系即可确定每个人的名次：

E、A、D、C、B。

257.每个人上班的天数不一定一样多，每天上班的人数也不一定一样多。按题目规则分析各种出工的可能情况，给出一个每天不同的出工安排。

星期一至星期日按顺序上班的安排：AE、ABD、AB、CD、BCE、BCD、BC。

258.分析四个人的话，三句提到洗瓶人的话应至少两句是假的，三句提到工人的话也就至少两句是假的，因此B、C、F至少两人不在场，A、B、D至少两人不在场，但不在场的仅三人……

正确答案是：

福利先生是C，他现在是洗瓶人；

扫地先生是D，现在是工人；

瓶子先生是G，他现在是扫地领班；

门先生是E，他现在是福利干事。

259.加加是破卡族，门牌号为40号。除除是西利撒拉族，门牌号为37号。偶偶是妖太族，门牌号为27号。

260.先假设一句话是错的，再推论其他人，看是否矛盾（如有矛盾则换一种假设）。

A妖太族，蒙兹票；B西利撒拉族，布兰票；C破卡族，沃拉票。

兑换情况：3蒙兹票=4布兰票=12沃拉票。

261.A破卡族；B西利撒拉（假、真、假）；C妖太族。

最勤奋：B、A、C；最机敏：A、C、B；最受欢迎：A、B、C。

262. 如果我们手中只有1个棋子，那么肯定只能从第2层依次向上扔到100层。现在我们手中有2个棋子，那么可以用其中1个的"性命"来换取我们对临界层更快地获取。基本思路是将100层楼分段，先找到，临界段，然后再在临界段内一层层地测试找出临界层。同样，我们需要从低层向高层找临界段，不然第1颗棋子的牺牲可能并不能让我们得知临界段在哪。由于每向上一个临界段我们就需要多测试一次，然后我们又需要测试临界段内的楼层。为了保证测试最优化，即无论任何情况下我们需要的测试次数都不会太多，应该保证：

找到临界段的次数＋找到临界层；

尽量均化，所以我们上一个临界段应该比下一个临界段少1。

1+2+3+……+13+14=105，多出5层来，就是说楼层不能达到完全均化，我们可以把这5层"消化"到其中一些段，目的还是尽可能地保持平衡。我们可以认为最下面一段为14层（或者13层，假设其中的一层在第一段"消化"），以此开始测试，没有摔碎就向上一段，碎了就在此段中由下向上继续测试。

263. 这个问题是不是最小公倍数呢？很多人都会想到这一点，3和2的最小公倍数是6，是不是6步时两人同出左脚呢？不是的，需从实际出发去考虑。

男　右　左　　右　左　　右　左右
女　右　左右　左　右左　右　左右　左

这样更一目了然，不可能有男女同时左脚踏出的情况。应该锻炼自己从抽象到现实，从现实到抽象的思维的转换。

264. 用升斗斜着量就可以做到。

思维定式紧紧追随着我们，我们使用量杯或升斗时，常习惯于平直地计量体积。当你为解答这道问题而愁眉不展时，你可能从没想到改变一下升斗的摆放，把升斗歪斜使用。改变虽然很小，却是打破习惯和思想解放的表现。与这个问题相似，日常生活中有些货物难以进入狭窄的门口时，就需要上下颠倒或前后左右倾斜。那些不知转动变通、束手无策的人，只能说明他们的头脑僵化罢了。那些思维有创新的人是不会被这些难题难倒的。

265. 亲自动手做一做很简单就得出了结论，两道折痕之间是1公分，从日常生活中常见的火柴盒上也容易找到答案。可是从训练思维的灵活性出发，我们可以放弃实验，使用一下抽象推理，比如设纸的总长为y，短边为X长度为x+1，则y=2x+1由此可判断两次折印之距等于长短边之差。

266. 我们可以这样想，全部路程的车费是12个铜币，甲、乙共坐4里路车，应付车费为6个铜币，而甲应付的车费自然是3个铜币。乙在前4里路时应付车费3个铜币，后4里路自己坐车，自然应付6个铜币，一共是9个铜币。列出统一算式：

甲应付的车费——12×[4÷（4+4）]÷2=3

乙应付的车费——（12×4÷（4+4）÷2）+12×4÷（4+4）=9

267. 3×9=27元，这里面已经包含了伙计拿走的2元，算总数的时候不应该重复加上一次。

我们可以这样想，客人付了27元（其中25元给了老板，2元给了伙计），这时候客人裤兜里还有3元，所以式子应该是：25+2+3=30元

268. 题1若选（A），既违反已知条件2，又违反已知条件5；若选（B），违反已知条件5；若选（D）或（E），都违反已知条件1。因此，应选（C）。

你应该立即判定题2选（B）。因为（B）是违反已知条件4的。

题3选（C）。若选（A）违反已知条件2和5。根据已知条件5，选（B）是不行的。如果该箱含有草莓果酱，必定含有苹果果酱，再加上葡萄果酱、橘子果酱，这一箱中便会有多于3种口味的果酱。这就违反了题意和已知条件。选（D）或（E）都会产生类似于选（B）时出现的问题。像这样的类似题目，你可以根据已知条件5直接找苹

果果酱，这样就可以提高做题速度。

题4选（A），由橘子果酱、桃子果酱、葡萄果酱装成1箱符合所有的题设条件。若选（B）或（D）违反已知条件2；若选（C）违反已知条件2、4、5；若选（E）违反已知条件2、4。

题5选（D）。根据已知条件2，只有（B）和（D）有可能对，而（B）违反已知条件1、5和题设条件，故只能选（D）。

题6选（A）。因为根据已知条件5，含有草莓果酱必然含有苹果果酱；又根据已知条件4，苹果果酱与桃子果酱不能同时装在同一箱内；再根据已知条件5，草莓果酱和桃子果酱也不能装在同一箱内。

题7选（E）。2罐桃子果酱或再加1罐橘子果酱，或加上1罐苹果果酱，或加上1罐葡萄果酱，或加上1罐草莓果酱，都会违反题设条件。若加上1罐橘子果酱，就需加上1罐葡萄果酱。若加上1罐葡萄果酱，就需加上1罐橘子果酱。若加上1罐苹果果酱，显然违反已知条件4。若加上1罐草莓果酱，就需再加上1罐苹果果酱。因此，1箱内肯定不能含有2罐桃子果酱。

269.卖给要买12升水的客人。乍看之下，可能会让人觉得只要由25升的皮囊中倒出6升，再把剩下的卖给第一位客人即可；但是因皮囊装有25升水一事，只有水商知道，客人并不晓得。

任何事都可视为大前提。在交易方面，让客人了解就是大前提。这个问题或许有多种解决方法，但首先能满足大前提者，才是正确的解答。

270.原来B使用了较宽的抹布。从问题的条件上，可明白出题者的意图，旨在说明当机立断的重要性。

271.考虑此题时重要的有两点：

一是C、D要同时走，因为以走得慢的马所需时间计算，只有这样才有利于节约时间。

二是回来时要骑跑得快的马。C和D绝对不行，A最合适。

以此为原则，最佳顺序是：

(1) 把 A 和 B 牵到 Q 村（2 个小时）；

(2) 骑上 A，回到 P 村（1 个小时）；

(3) 把 C 和 D 牵到 Q 村（5 个小时）；

(4) 骑上 B，回到 P 村（2 个小时）；

(5) 最后把 A 和 B 牵到 Q 村（2 个小时），或者把第 2 步和第 4 步调换过来也可以。

272. 短针的一个刻度，相当于长针的 12 分钟。短针正对着某一个刻度时，长针可能是 0 分、12 分、24 分、36 分或 48 分中的任何一个位置上。分析了这种情况，就可以得到只能是 2 时 12 分。推理来自对生活中各种现象的观察和思考。

273. 这是一些上面写有"五""十""百""千""万""个"等字样的板（或字模）。

一块板的价钱是 1 元，所以买"五"和"个"两块板是 2 元，买"五""十""个"3 块板是 3 元……而"五""十""万""个"是 4 元。如果你把它们都看成是数量，数量差别这么大，而价钱却不一样，尤其五万个才 3 元是不可能的，所以要善于发现他们的共同性，"个"相同，五和五十万有什么不同呢？因此可以进一步想到数字不一定代表数量，思路打开了，问题就好解决了。

274. 由于地心吸引力，水或其他液体的表面总是球面的一部分，而球越大，它的表面的曲率就越小，即凸起的程度越小。在山顶，任何器皿所盛液体的表面成为以地心为球心的球面的一部分，比起放在山谷的器皿的液面来说，球的半径大些。换句话说，在山顶水的球形表面凸出器皿边缘的程度较低。因此，在山顶器皿容纳的水比在谷底器皿容纳的水要少一点点。

275. 农夫的提法似乎非常荒谬，却是完全正确的：磨坊主应当获得 7 枚钱币，而织匠仅得 1 枚钱币。因为 3 个人都吃了等量的面包，则显然每份是 8/3 个大圆面包。磨坊主提供了 15/3 个面包，自己吃掉了 8/3 个，可见他给经理吃了 7/3 个面包。而织匠提供的是 9/3 个面包，自己吃掉 8/3 个，仅给经理 1/3 个面包。所以，两人给经理的面包份额之比为 7：1，那就应按同样的比例来瓜分所得的 8 枚钱币。

276. 根据（6）和（4），科布上了 2 节不是迪姆威特教授讲授的课。

根据（6）和（3），伯特上了 1 节不是迪姆威特教授讲授的课。

根据（6）和（2），阿莫斯只上了迪姆威特教授讲授的课。

如果 P 代表迪姆威特教授讲授的课，O 代表不是迪姆威特教授讲授的课，则根据（1）和（5）可知（X 代表上了这节课）：

阿莫斯　伯特　科布

P

P

P

O　　　　X　　　X

O　　　　X

根据（6）和（7）——暂时只把（7）应用于迪姆威特教授讲授的课——各人所上课的情况有以下四种可能。

A 阿莫斯　伯特　科布

P　X　　　X

P　X　　　X

P　X　　　X

O　X　　　X

O　X

B 阿莫斯　伯特　科布

P　X

P　X　　　X

P　X　　　X　　　X

O　X　　　X

O　X

C 阿莫斯　伯特　科布
P　X
P　X　　X
P　X　　X　　X
O　X　　X
O　X

D 阿莫斯　伯特　科布
P　X
P　X　　X
P　X　　X　　X
O　X　　X
O　X

接下来，把（7）应用于全部 5 节课，A、B、D 可能被排除。根据 C 和（8），两名与偷答案无关的学生一定是阿莫斯和科布（迪姆威特教授讲授的 3 节课中只有 1 节是这 3 名学生中的 2 名去上）。因此，是伯特偷了测验的答案。

277. 本题实际上是考查合理分配问题。合理分配问题一般是用两个人分 1 张烧饼的形式出现的，要把烧饼分给 2 个人，使得参加分配的每个人都满意地认为自己至少得到半张烧饼。

把 1 张烧饼分成 3 份，可以这样来解决：一个人拿一把较大的刀在烧饼上方慢慢移动，烧饼可以是任何一种形状，但是刀一定要这么移动，使某一边的烧饼量从零逐渐增加到最大。当这三个人中任何一个人认为这把刀处的位置正好使切下第一片烧饼等于整张烧饼的 1/3 时，他（她）就喊，"切！"这时刀马上切下，喊叫的那个人就拿这 1 份烧饼。由于他（她）已满意地觉得自己得到了 1/3，就退出以后的分配。如果两个人或三个人同时喊"切"的话，则切下的那一份烧饼随便给谁都一样。

其他两个人当然满意地觉得剩下的至少有 2/3，这样问题就还原到上例讲的那种情况了，只要一个人切，另一个人选，烧饼便可公平地分掉。

很显然，这个方法可以推广到N个人。随着刀子在烧饼上方移动，第一个喊"切"的人拿第一次切下的那块饼（或者把这块饼同时给喊"切"的几个人当中的任何一个人）。然后其余N－1个人重复以上步骤，这样一直进行下去，直到剩下两个人。最后剩的烧饼，两人可以像上例讲的办法来分，也可以继续用刀移动的办法来分。这个一般化的解题方法是用数学归纳来证明算法的一个很好范例。我们很容易看出，这种算法如何能应用于把一系列家务事分摊给几个人，并使得人人感到满意，觉得他分担的家务是公平合理的。

278. 首先可以确定的是：E镇与A镇之间有电话线路，因为A镇同其他五个小镇都有电话线路，当然也包括E镇在内了。

其余的是哪两个小镇呢？

我们从B、C两个小镇开始推理。

设B、C两小镇之间没有电话线路，那么，B、C两镇必然分别可以同A、D、E、F四个小镇通电话。

如果B、C两镇分别同A、D、E、F四个小镇通电话，那么，只有三条电话线路的D、E、F三个镇就只能分别同A、B、C三个镇通电话。

如果是这样，那么D、E、F之间是不能通电话的。

但是，已知D镇与F镇之间有电话线路，因此，B、C之间没有电话线路的假设是不能成立的。换句话说，B、C两小镇之间有电话线路。

那么，有四条线路的B镇和C镇又可以同哪些小镇通电话呢？

从以上的推理中得知：B镇、C镇分别同A镇有电话线路，而它们相互之间又没有电话线路。另外的两条线路是通向哪里的呢？

假设：B镇的另外两条线路一条通D镇，一条通F镇；C镇的电话线路也是一条通D镇，另一条通F镇。

如果这个假设成立，那么D镇、F镇就将各有四条线路通往其他小镇。但是，我们知道，D、F两镇都只同三个小镇有电话联系，所以，上述假设不能成立。

假设：B、C两镇同D、F两镇之间都没有电话线路。

如果这个假设成立，那么，B、C两镇就只有三条线路同其他小镇联系，这又不符合B、C各有四条电话线路的已知条件。所以，此假设也不成立。

从以上的分析只能推出B、C两镇各有一条电话线路通向E镇。B镇的另一条线路或者通向D镇，或者通向F镇，C镇的另外一条线路或者通向D镇，或者是通向F镇。

而对于E镇来说，它肯定可以同A、B、C三个小镇通电话。

279.不管这条街上有多少户人家，聪聪总比早早多送8户人家的报纸。

280.只要取出3只袜子就行，因为其中至少有2只是同一颜色的。

手套的取法要略为麻烦一些，因为手套不但有颜色问题，还有左右的问题。至少要取出21只手套才能配成符合题意要求的一副。少于这个数目，哪怕取出20只，还有可能20只全是同一面的。例如10只白手套，10只花手套，都是左手的。

281.毫无疑问，这7位朋友经过若干天以后，有一个晚上在主人家里碰面。这一天追溯到第一位朋友开始访问的那个晚上，所经历的天数，一定能被2、3、4、5、6、7整除；换而言之，第一天与7个朋友碰面那一天，中间相隔的天数，应该是2、3、4、5、6、7各数的最小公倍数。不难求出这个数为420。每隔420天这7位朋友就将在主人家里碰面一次。

282.假设数为X，Y；和为X+Y=A，积为X·Y=B。

根据庞涓第一次所说的："我肯定你也不知道这两个数是什么"。由此知道，X+Y不是两个素数之和。那么A的可能值为11，17，23，27，29，35，37，41，47，51，53，57，59，65，67，71，77，

79, 83, 87, 89, 95, 97……

我们再计算一下 B 的可能值：

和是 11 能得至 4 的积：18，24，28，30

和是 17 能得到的积：30，42，52，60，66，70，72

和是 23 能得到的积：42，60……

和是 27 能得到的积：50，72……

和是 29 能得到的积：……

和是 35 能得到的积：66……

和是 37 能得到的积：70……

我们可以得出可能的 B 为，当然了，有些数（30=5×6=2×15）出现不止一次。

这时候，孙膑依据自己的数比较计算后，"我现在能够确定这两个数字了。"

我们依据这句话，和我们算出来的 B 的集合，我们又可以把计算出来的 B 的集合删除一些重复数。

和是 11 能得到的积：18，24，28

和是 17 能得到的积：52

和是 23 能得到的积：42，76……

和是 27 能得到的积：50，92……

和是 29 能得到的积：54，78……

和是 35 能得到的积：96，124……

和是 37 能得到的积：

因为庞涓说："既然你这么说，我现在也知道这两个数字是什么了。"那么由和得出的积也必须是唯一的，由上面知道只有一行是剩下一个数的，那就是和 17 积 52。

那么 X 和 Y 分别是 4 和 13。

283.按照提方案的顺序，分别设 5 个人为 a、b、c、d、e。假设

a和b都死了，只剩c、d、e。这种情况下，无论如何c和d一块也拿不到，甚至自己的生命都被操纵在e手里。所以b肯定没有死。再来讨论a死了，只剩b、c、d、e的情况：因为b如果死了，c、d的生命就被e操纵，所以即使b一块也不给c、d，他们也非同意不可。所以如果a死了，结果就是100，0，0，0。所以，a只要知道自己死后的情况，就可以提出97，0，1，1，1的方案。

284. 从大到小：

A、男

B、男

C、女

D、女

E、女

F、男

G、男

285. 当时上午，个子稍高的是姐姐嘉利。

我们可以用假设法来解此题。

设：当时是下午。

如果当时是下午，那么嘉利是说假话的，珍妮是说真话的，因此当看守问"你们当中哪个是嘉利"时，无论稍高的还是稍矮的都会说"不是我"，而她们俩却都说"是我"。可见当时不是下午，而是上午。

既然当时是上午，那么"快到中午了"这句答话是真话，也即稍高的一个是说了真话；"而上午已经过去了"则是一句假话，也即稍矮的一个说的是假话。由于已知在上午说真话的是嘉利，说假话的是珍妮，所以稍高的一个是嘉利，稍矮的一个是珍妮。